Molière
Le Malade imaginaire

PARCOURS Spectacle et comédie

Thomas Bouhours
Certifié de Lettres classiques

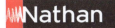

Sommaire

REPÈRES

1. L'auteur 4
2. Les œuvres de Molière 7
3. Molière au cinéma et au théâtre .. 8
4. Contexte historique et littéraire 9
5. Généralités sur le théâtre 11
6. La comédie-ballet 17

L'œuvre et le parcours associé

L'ŒUVRE — *Le Malade imaginaire*

1. Pour entrer dans l'étude 20
2. Résumés 23
3. Les personnages principaux 28
4. Les thèmes de l'œuvre 32
   - **A.** La médecine 32
   - **B.** La mort 34
   - **C.** L'amour 35
   - **D.** Le mensonge 36
   - **E.** Une « comédie mêlée de musique et de danses » 38

LE PARCOURS ASSOCIÉ — Spectacle et comédie

- **THÈME 1** La comédie, lieu de la satire sociale 40
- **THÈME 2** Dénoncer des caractères humains universels 45
- **THÈME 3** Texte et représentation 49
- **THÈME 4** Femmes de comédie 53
- **THÈME 5** La comédie, un lieu de confrontation de valeurs 57

Méthode

Apprendre et réviser

1. **Les types de mémoire** *Testez-vous !* 62
2. **Astuces pour mieux apprendre** 64
3. **Organiser ses révisions** 70
4. **Construire son planning** 71

La dissertation

1. **La dissertation en un coup d'œil** 73
2. **Réussir sa dissertation : méthode pas à pas**

   SUJET 1 74
   - **A.** Analyser le sujet 74
   - **B.** Questionner le sujet et trouver la problématique 75
   - **C.** Chercher des arguments et des exemples 76
   - **D.** Bâtir un plan 79
   - **E.** Rédiger sa dissertation 81

   SUJET 2 86
   SUJET 3 89

L'oral

1. **Méthodologie pour lire à voix haute** 93
2. **L'explication linéaire** 96
   - Explication linéaire 1 96
   - Explication linéaire 2 100
   - Explication linéaire 3 104
3. **L'entretien avec l'examinateur** 109

Lexique 113
Réponses aux quiz 117

REPÈRES

1 L'auteur

Molière

○ Lexique
Chambre du roi :
La « chambre » du roi comprend une centaine de personnes auxquelles le roi accorde sa confiance. La charge de valet de chambre-tapissier consiste à faire le lit du monarque, à disposer les tapisseries dans ses appartements lors des déplacements de la cour, et à veiller sur le mobilier. Elle est exercée par période de trois mois.

→ Jeunesse et formation

Jean-Baptiste Poquelin naît en 1622 et est baptisé le 15 janvier 1622 dans le quartier populaire des Halles, environ une semaine après sa naissance. Fils aîné d'une famille bourgeoise aisée – son père était tapissier et valet de chambre du roi* –, Jean-Baptiste étudie au collège de Clermont (actuel lycée Louis-le-Grand) où il « fait ses humanités », il découvre notamment les œuvres de Plaute et de Térence, auteurs de comédies latines des IIIe et IIe siècles av. J.-C., dont il s'inspirera souvent par la suite (par exemple : *La Marmite* de Plaute pour *L'Avare* ; *Le Phormion* de Térence pour *Les Fourberies de Scapin*). Il acquiert une licence de droit à Orléans et fréquente les cercles intellectuels (littérature, philosophie…). Très tôt, il est confronté à la mort de plusieurs de ses proches des suites de maladie : un frère, deux sœurs, sa mère puis sa belle-mère.

En 1643, il renonce à reprendre la charge paternelle de tapissier du roi et utilise une partie de l'héritage de sa mère pour fonder la troupe de l'Illustre Théâtre.

→ L'Illustre Théâtre et la formation provinciale

En association avec les Béjart, une famille de comédiens parisienne, Jean-Baptise Poquelin crée la troupe de l'Illustre Théâtre, et se présente désormais sous le pseudonyme de « Moliere ». Les suppositions foisonnent sur l'origine du nom de Molière : *mulier* (« femme » en latin) tant il a défendu la cause féminine dans nombre de ses pièces ; *molierer* (« légitimer » en ancien français) ; hommage au musicien et danseur Louis de Mollier ou à l'auteur libertin François de Molière d'Essertines ; nom de scène champêtre à la mode dans le milieu des comédiens du XVIIe siècle : molières, terres marécageuses ou sites de pierres à meule… À vous de choisir !

En tournée à Rouen, il fait la connaissance de Pierre Corneille, auteur déjà reconnu. Les affaires de l'Illustre Théâtre connaissent des succès et des revers, et Molière est brièvement emprisonné pour dettes. Suite à cet insuccès, il quitte Paris et parcourt la province où, pendant une douzaine d'années, il apprend tous les métiers du spectacle vivant : chef de troupe, acteur, auteur, comptable, metteur en scène… Le succès vient, à la fois de la part du peuple mais aussi de personnages puissants comme le prince de Conti qui lui offre sa protection. Molière décide donc de se rapprocher de Paris, la troupe s'installe à Rouen en 1658.

➜ De la Troupe de Monsieur à la Troupe du Roi

Molière obtient la protection de Monsieur, frère du roi Louis XIV. La Troupe de Monsieur joue au Louvre devant le roi et sa cour, et le succès est immédiat. La troupe peut désormais jouer devant un large public au Théâtre du Petit-Bourbon, en alternance avec les comédiens italiens du fameux Scaramouche. En 1660, le frère cadet de Molière meurt. La charge de tapissier et valet de chambre du roi lui revient à nouveau. Elle implique qu'il se trouve chaque matin au lever du roi, un trimestre par an, et il gardera cette charge jusqu'à sa mort.

En 1661, Molière, connaissant le goût de Louis XIV pour les ballets, a l'idée de créer un nouveau genre, il s'associe au musicien Jean-Baptiste Lully pour monter une comédie-ballet : *Les Fâcheux*.

En 1662, Molière épouse Armande Béjart avec laquelle il a un fils dont Louis XIV accepte d'être le parrain.

Avec le succès naissent les polémiques : *L'École des femmes* où Molière remet en question les idées reçues sur l'éducation féminine ; *Tartuffe* puis *Dom Juan* qui dénoncent l'hypocrisie des faux dévots. Louis XIV fait taire les critiques en prenant la troupe sous sa protection, elle pourra dorénavant se faire appeler Troupe du Roi.

◯ À retenir

Tiberio Fiorilli, dit **Scaramouche** (1608-1694) est un acteur italien de la *Commedia dell'arte*, directeur de la troupe des Comédiens-Italiens, créateur du personnage de Scaramouche et ami de Molière.

Citation à retenir

« ARNOLPHE : Votre sexe n'est là que pour la dépendance : Du côté de la barbe est la toute-puissance. »

L'École des femmes, III, 2.

○ À retenir

Marc-Antoine Charpentier (1643-1704) est un compositeur et chanteur baroque français. Molière fait appel à lui pour la composition des musiques de ses ballets après la fin de sa collaboration avec Lully.

Citation à retenir

« TOINETTE :
Ce sont tous des ignorants : c'est du poumon que vous êtes malade. »

Le Malade imaginaire, III, 10.

➜ Les dernières années

De 1665 à 1673, la Troupe du Roi divertit la cour. À Versailles, Paris, Saint-Germain-en-Laye, Chambord… Molière est chargé de tous les divertissements. Souffrant depuis longtemps d'une maladie de poitrine, il continue cependant à monter sur scène. Le 10 février 1673, la troupe donne la première représentation du *Malade imaginaire*, comédie-ballet dont la musique est composée par Marc-Antoine Charpentier. C'est un succès. Le 17 février, durant la quatrième représentation, Molière, qui tient le rôle principal d'Argan, est pris d'une convulsion lors de la dernière scène et meurt chez lui quelques heures après, comme en témoigne La Grange, un acteur de la troupe : « Ce même jour après la comédie, […] M. de Molière mourut dans sa maison […], ayant joué le rôle du Malade imaginaire, fort incommodé d'un rhume et fluxion sur la poitrine qui lui causait une grande toux. »

Pour l'Église, les comédiens exercent une profession « infâme » et sont donc excommuniés. Mais sur demande d'Armande, le roi intervient auprès de l'archevêque de Paris pour autoriser les funérailles nocturnes de Molière et son enterrement dans un cimetière.

En 1680, Louis XIV réunit ses deux troupes parisiennes sous un même toit, c'est la naissance de la Comédie-Française, surnommée encore aujourd'hui « Maison de Molière ».

Quiz

1. Quel est le vrai nom de Molière ?
2. Quel est le titre de la première comédie-ballet de Molière et Lully ?
3. Quel roi apporte sa protection à la troupe de Molière ?
4. Dans quelles circonstances Molière est-il mort ?

2 Les œuvres de Molière

REPÈRES

Molière a écrit 36 pièces de théâtre (farces, comédies, comédies-ballets) en prose ou en vers, quelques-unes de ses pièces incontournables sont présentées ici de façon chronologique.

- *Le Médecin volant* **(vers 1645)** : farce inspirée de la *Commedia dell'arte* (*Medico volante*) mettant en scène un faux médecin et une fausse malade.

- *Les Précieuses ridicules* **(1659)** : comédie en un acte, Molière s'y moque des excès de langage et d'attitudes des « précieux » (aujourd'hui on dirait les « snobs »).

- *Les Fâcheux* **(1661)** : Première comédie-ballet, en collaboration avec le musicien Jean-Baptiste Lully.

- *L'École des femmes* **(1662)** : Comédie en vers en 5 actes. Molière y critique la condition des femmes dans la société du XVIIe siècle, et notamment les mariages forcés.

- *Tartuffe* **(1664-1669)** : Comédie en vers en 5 actes. Le sujet de l'hypocrisie religieuse vaudra à la pièce d'être interdite. Molière remanie sa pièce pour la représenter cinq ans plus tard avec l'autorisation du roi.

- *Dom Juan ou le Festin de Pierre* **(1665)** : Célèbre histoire d'un jeune noble séducteur et de son valet Sganarelle. La pièce sera reprise 122 ans plus tard par Mozart dans son opéra *Don Giovanni*.

- *Le Misanthrope* **(1666)** : Comédie sombre en vers qui met en scène Alceste, un homme qui déteste l'hypocrisie et la corruption des hommes et de la société.

- *Le Médecin malgré lui* **(1666)** : Farce légère où Martine, femme de l'ivrogne et violent Sganarelle, fait croire à tout le monde que celui-ci est médecin et qu'il n'accepte de pratiquer que s'il est battu.

- *Amphitryon* **(1668)** : Molière reprend le sujet mythologique d'Amphitryon dont Zeus prend l'apparence pour séduire son épouse Alcmène.

- *L'Avare* **(1668)** : Comédie en prose, reprenant le sujet de *La Marmite* de Plaute. Harpagon, un avare notoire, place son amour de l'argent au-dessus de tout.

Citation à retenir

« MAGDELON : Vite, venez nous tendre ici dedans le conseiller des grâces[1]. »

1. Le miroir.

Les Précieuses ridicules, scène 6.

À retenir

Jean-Baptiste Lully (1632-1687) est un compositeur, danseur et musicien. Il est apprécié et protégé par Louis XIV. Il collabore avec Molière pour la musique de ses comédies-ballets. Directeur de l'Académie royale de musique, on le considère comme le père de l'opéra français.

- **Le Bourgeois gentilhomme (1670)** : Comédie-ballet en collaboration avec J.-B. Lully, jouée à Chambord pour Louis XIV et sa cour, on y découvre le bourgeois M. Jourdain qui prend de nombreuses leçons pour devenir noble.
- **Les Fourberies de Scapin (1671)** : Pièce écrite à la manière des comédies de la *Commedia dell'arte*, inspiré du Phormion de Térence. Le valet Scapin y tient le premier rôle.
- **Les Femmes savantes (1672)** : Comédie de caractère qui traite de l'éducation des femmes.
- **Le Malade imaginaire (1673)** : Dernière comédie-ballet de Molière, la musique est de Marc-Antoine Charpentier.

Citation à retenir

« MONSIEUR JOURDAIN : Par ma foi ! Il y a plus de quarante ans que je dis de la prose sans que j'en susse rien […]. »

Le Bourgeois gentilhomme, II, 4.

Quiz

1. Dans quelles comédies Molière traite-t-il de la condition des femmes ?
2. Quelles comédies mettent en scène des médecins ?
3. Quels personnages ont une idée fixe ridicule ?

Citation à retenir

« GÉRONTE : Que diable allait-il faire dans cette galère ? »

Les Fourberies de Scapin, II, 7.

3 Molière au cinéma et au théâtre

Pour nourrir vos réflexions sur la pièce étudiée et sur le parcours associé, il est essentiel d'essayer de voir le plus grand nombre possible de pièces, que ce soit au théâtre si vous en avez l'occasion, ou sur écran. De nombreuses représentations sont aujourd'hui disponibles sur internet.

➜ Sur la vie de Molière

- *Molière*, de Laurent Tirard, 2007. Molière dirige l'Illustre Théâtre, s'endette et rencontre… Monsieur Jourdain. Une comédie qui mêle habilement biographie et fiction.
- *Molière*, d'Ariane Mnouchkine, 1978. Une présentation complète et richement documentée de la vie et de l'œuvre de Molière.
- *Le Roi danse*, de Gérard Corbiau, avec B. Magimel, 2000. Ce film évoque la passion de Louis XIV pour la danse et sa rencontre avec Lully et Molière.

● *Marquise*, de Véra Belmont, 1997. Avec le personnage de Mlle Du Parc, épouse de « Gros René », un acteur de la troupe de Molière, ce film aborde le monde du théâtre du XVIIe siècle avec les rivalités entre auteurs et entre comédiens et l'omniprésence de Louis XIV.

➜ Pièces de Molière

● *Le Tartuffe*, mise en scène de Peter Stein avec J. Weber et P. Arditi au Théâtre de la Porte Saint-Martin, 2018, en ligne sur France Télévisions.

● *Le Malade imaginaire*, mise en scène de Gildas Bourdet au Théâtre de l'Ouest parisien, 2003.

● *L'Avare* de Jean Girault et Louis de Funès, 1980.

● *Le Bourgeois gentilhomme*, téléfilm de C. de Chalonge, 2009, avec C. Clavier, M. Bernier, A. Fleurot.

● *Alceste à bicyclette*, film de P. Le Guay, 2013, transposition libre de la pièce *Le Misanthrope* de Molière avec F. Luchini et L. Wilson.

● La compagnie Colette Roumanoff propose en ligne de nombreuse représentations filmées : *Le Malade imaginaire, Dom Juan, Le Médecin malgré lui...*

● Le site internet toutmoliere.net propose dans sa page « filmographie » une série de liens vers des représentations de qualité des pièces de Molière.

4. Contexte historique et littéraire

➜ Louis XIV et la cour

Louis XIV (1638-1715) dit le Roi-Soleil règne sur la France de 1643 à 1715. C'est le plus long règne de l'histoire de France (72 ans). Il s'affranchit peu à peu de ses ministres pour devenir un véritable **monarque absolu** entre 1661 et 1715, gouvernant sans Premier ministre. L'aristocratie n'a alors plus de pouvoir, et les nobles deviennent des **courtisans** qui participent à la vie fastueuse de la cour et cherchent la bienveillance et la générosité du roi. Louis XIV supervise les travaux du château de Versailles et de ses jardins et s'y installe. Il étend son prestige en France et en Europe grâce aux réceptions et aux spectacles raffinés qui y sont donnés.

> **Pourquoi le Roi-Soleil ?**
> Le 23 février 1653, le jeune Louis XIV tient le rôle du Soleil dans un ballet donné en son honneur à Paris. Il apparaît alors avec un masque d'or qui deviendra son emblème. Le soleil est le symbole d'Apollon, dieu des arts ; c'est l'astre autour duquel gravitent les planètes ; c'est lui qui donne la vie et éclaire toute chose sur Terre, il n'en fallait pas moins pour un roi habité par son rôle « divin ».

➜ Baroque et classicisme

- Le **baroque** est un courant artistique européen qui se caractérise par la richesse et l'**abondance** des décors, le **mouvement**, le rêve, l'exagération, l'**illusion** (trompe-l'œil, miroirs…). Il s'agit de toucher les sens plus que la raison. En France, c'est un courant qui est surtout présent au début du XVIIe siècle, alors que le pouvoir est instable et la période tourmentée.

- Le **classicisme** s'inscrit pour ainsi dire en opposition au baroque : il apporte la **stabilité**, la **règle**, l'**ordre**. Louis XIV soutient ce mouvement spécifiquement français. Prenant modèle sur l'**Antiquité**, il recommande la simplicité, l'équilibre et l'ordre, que ce soit pour l'architecture du château de Versailles, pour les jardins « à la française » ou pour les règles de la littérature classique fixées par la toute nouvelle Académie française (1635). Dès lors, l'**autorité du roi s'exerce aussi sur les idées** : toutes les productions artistiques sont soumises à sa censure.

➜ La littérature au XVIIe siècle

Le mécénat mis en place par Louis XIV favorise le développement de la littérature. La distinction entre courant baroque et courant classique n'est pas encore formalisée pour les auteurs qui s'illustrent souvent dans les deux styles. Retenons les principaux auteurs du XVIIe siècle par genre littéraire :

- **Poésie** :

Nicolas Boileau (1636-1711) fixe les règles de l'écriture en vers classiques dans son poème de 1 100 alexandrins *L'Art poétique* (1674).

Jean de La Fontaine (1621-1695) : dans ses *Fables*, il dépeint toutes les catégories sociales de la société du XVIIe siècle.

- **Roman** :

Madame de La Fayette (1634-1693) invente le roman psychologique avec *La Princesse de Clèves*.

- **Comédie** :

Molière (1622-1673) : auteur de farces (*Le Médecin malgré lui*), de comédies (*L'École des femmes*) et de comédies-ballets (*Le Bourgeois gentilhomme*).

REPÈRES

- **Tragédie :**

Pierre Corneille (1606-1684) : auteur du *Cid* (tragi-comédie*) et de nombreuses tragédies historiques.

Jean Racine (1639-1699) : ses pièces comme *Phèdre* ou *Andromaque* incarnent l'idéal de la tragédie classique. Il est soutenu par Louis XIV.

- **Œuvres « morales » :**

Blaise Pascal (1623-1662) : les *Pensées* réunissent ses réflexions mathématiques, philosophiques, physiques…

Jean de La Bruyère (1645-1696) dresse une satire* des mœurs de son époque dans les *Caractères*.

- **Genre épistolaire :**

Madame de Sévigné (1626-1696) : ses *Lettres* offrent un témoignage intime sur les mœurs de la cour de Louis XIV.

Astuce

Pour retenir les noms des auteurs français du XVIIe siècle :
« Sur une racine de la bruyère, une corneille boit l'eau de la fontaine Molière. » (Racine, La Bruyère, Corneille, Boileau, La Fontaine, Molière)

Quiz

1. Où Louis XIV s'installe-t-il avec sa cour ?
2. Comment se nomment les deux courants artistiques du XIIe siècle ?
3. Nommez six auteurs du XVIIe siècle.

5 Généralités sur le théâtre

A Brève histoire du théâtre

→ Dans l'Antiquité

Le théâtre est très apprécié des citoyens grecs puis romains. Il a une triple dimension : **religieuse**, liée au culte de Dionysos, dieu de la vigne et du théâtre ; **festive**, puisque les différents auteurs s'affrontent dans un concours qui entraîne de vives réactions des spectateurs ; et **politique** par les sujets qui sont traités et qui donnent souvent lieu à des débats ou à des réflexions communes. Chez les Grecs, on apprécie les **comédies** d'Aristophane et les **tragédies** d'Eschyle, Sophocle et Euripide. Les Romains se divertissent devant les comédies de Plaute et Térence ou les tragédies de Sénèque.

Le saviez-vous ?

Une expression populaire nous vient de *La Farce de Maître Pathelin*. Le drapier finit par confondre les draps et les moutons, au point qu'un juge, agacé, lui demande fermement : « Revenons à nos moutons. »

Les sources d'inspiration de Molière

De même qu'il emprunte souvent des sujets au théâtre grec ou romain, Molière puise aussi son inspiration dans la farce et dans la *Commedia dell'arte* : on retrouve dans ses pièces la bouffonnerie, voire la grossièreté des farces du Moyen Âge comme la ruse, l'ingéniosité et les jeux scéniques de la *Commedia dell'arte*.

➜ Au Moyen Âge

Les **farces** sont à la mode au Moyen Âge. Ce sont de **courtes pièces comiques** dont l'intrigue repose souvent des sujets quotidiens : tromperies, cocuage, conflits familiaux… L'objectif est de **provoquer le rire** par les moyens les plus simples, voire les plus grossiers, sans souci de la morale. Les personnages sont issus du peuple et se couvrent de **ridicule** pour le plaisir des spectateurs. L'exemple fameux est *La Farce de Maître Pathelin* (Anonyme, XVe siècle) où un avocat rusé (Pathelin) tente de voler un drapier puis un berger.

➜ Au XVIe siècle

La ***Commedia dell'arte***, littéralement « théâtre des gens de l'art » (c'est-à-dire des professionnels), est un genre théâtral italien très populaire basé sur le jeu de scène et l'improvisation. Son aspect oral fait que nous n'avons pas conservé de textes de pièces. On peut cependant retenir les caractéristiques suivantes : théâtre masqué, personnages récurrents (Scaramouche, Arlequin, Pantalon, le Docteur, Colombine…), canevas de scénario avec des situations types (ruse, cocuage, rencontre amoureuse…), acrobaties et joutes verbales. C'est un théâtre très vivant dont la popularité a dépassé les frontières de l'Italie. À Paris, Scaramouche devient un ami de Molière.

➜ Au XVIIe siècle

En France, c'est la grande époque du **théâtre classique**. **Molière, Racine et Corneille** divertissent et éduquent les spectateurs en montrant les caractères et les passions des hommes dans des tragédies et des comédies qui répondent à des règles strictes. Les tragédies sont principalement écrites en **alexandrins** (vers de douze syllabes), elles ne peuvent pas représenter sur scène la violence ou l'indécence et doivent respecter la règle des **trois unités** : une seule intrigue (**unité d'action**) doit se dérouler dans un seul lieu (**unité de lieu**), pendant une seule journée (**unité de temps**).

➜ Au XVIIIᵉ siècle

La **tragédie** évolue vers des sujets plus modernes, **Voltaire** (1694-1778) s'y illustre et impose de nouvelles règles de représentations : les banquettes sur scène réservées aux aristocrates disparaissent, laissant tout l'espace scénique libre pour le jeu.

La comédie se tourne un temps vers le **vaudeville** (qui entremêle chansons satiriques populaires et théâtre de situation), puis **Marivaux** (1688-1763) et **Beaumarchais** (1732-1799) abordent dans leurs pièces des problèmes de société qui annoncent la Révolution française : relation maîtres-valets, esclavage, place des femmes dans la société…

➜ Au XIXᵉ siècle

Les auteurs **romantiques** comme **Victor Hugo** (1802-1885) ou **Alfred de Musset** (1810-1857) **s'affranchissent peu à peu des règles classiques** en mêlant les intrigues, en multipliant les lieux (et les décors) et en mélangeant des éléments de tragédie et de comédie dans des pièces appelées **drames**.

➜ À l'époque contemporaine

Les formes théâtrales sont très diverses. Elles peuvent tout à la fois puiser dans le théâtre antique ou classique en réécrivant les mythes, ou bien dénoncer les travers de la condition humaine en jouant sur l'absurde et le ridicule.

B Les différentes formes théâtrales

➜ La tragédie

L'intrigue d'une tragédie repose sur **la fatalité** qui pèse sur le héros. Quels que soient ses choix, son courage, ses actions, il ne peut échapper à son destin funeste. Le **dénouement est donc toujours malheureux**. Les personnages de la tragédie sont d'une **origine sociale élevée** (noblesse, héros, empereurs, rois…) et évoluent dans des univers qui sont liés à leur position (châteaux, villes de l'Antiquité…). La plupart des tragédies sont composées en alexandrins.

Citation à retenir

« Qu'en un lieu, qu'en un jour, un seul fait accompli / Tienne jusqu'à la fin le théâtre rempli. »

Boileau, *L'Art poétique*, 1674, Chant III, vers 45-46.

À lire

Marivaux, *L'Île des esclaves*, 1725.

Beaumarchais, *Le Mariage de Figaro*, 1778.

À lire

Jules Romains, *Knock ou le Triomphe de la médecine*, 1923.

Jean Anouilh, *Antigone*, 1944.

Eugène Ionesco, *La Cantatrice chauve*, 1950.

→ La comédie

On distingue traditionnellement :
- la **comédie d'intrigue**, qui enchaîne les péripéties plongeant les personnages dans des situations comiques ;
- la **comédie de caractère**, qui met en scène des personnages dont l'obsession les oppose aux autres et les rend ridicules ;
- la **comédie de mœurs**, qui dénonce les travers d'un groupe social dominant.

La comédie doit provoquer le **rire** chez le spectateur. Elle utilise à cette fin différentes formes de comique :
- le comique de **gestes** : chutes, coups de bâton, poursuites, grimaces…
- le comique de **mots** : calembours, répétitions, grossièretés…
- le comique de **situation** : quiproquos*, situations absurdes…
- le comique de **caractère** : il repose sur la personnalité, les défauts des personnages.

La comédie met en scène des **personnages issus du peuple ou de la petite bourgeoisie**, dans des intrigues quotidiennes où les conflits reposent le plus souvent sur l'amour, l'argent, les relations entre parents et enfants. À travers le rire, les auteurs de comédies dénoncent les défauts de leurs sociétés ou les travers de leurs contemporains. Il y a donc une dimension critique très forte dans ces pièces de théâtre.

> **Lexique**
> **Un quiproquo** est un effet de théâtre où un personnage est pris pour un autre. Cela crée un malentendu souvent comique.

→ Le drame

C'est un genre qui apparaît au XVIIIe siècle avec le drame bourgeois puis se développe au XIXe avec le **drame romantique** qui en fixe les grandes lignes. Le drame mêle des tonalités pathétiques, humoristiques et réalistes, c'est un **mélange des genres et des tons** qui laisse une grande liberté à l'art dramatique, comme le définissait Hugo dans la préface de *Cromwell* (1827) : « Le théâtre est un point d'optique. Tout ce qui existe dans le monde, dans l'histoire, dans la vie, dans l'homme ; tout doit et peut s'y réfléchir, mais sous la baguette magique de l'art. »

C La structure d'une pièce de théâtre

● Une pièce de théâtre est organisée en **actes** et en **scènes**. Traditionnellement les actes sont notés en chiffres romains et les scènes en chiffres arabes. Chaque acte est un ensemble de scènes qui constitue une unité et fait progresser l'action.

À l'origine, un acte devait durer le même temps que les chandelles éclairant la scène, on les changeait donc aux entractes. Les changements de scène, eux, correspondent aux entrées et sorties des personnages.

● Le **premier acte** d'une pièce de théâtre contient les **scènes d'exposition**. L'auteur y précise le contexte, présente les personnages et le nœud de l'intrigue, c'est-à-dire le problème qui entraînera toutes les péripéties ou tous les coups de théâtre, événements inattendus qui bouleversent la situation. La tension dramatique tiendra jusqu'au **dénouement** (le nœud de l'intrigue se délie) qui se joue au **dernier acte**.

D La structure du texte théâtral

Le texte théâtral est une **suite de dialogues sans narrateur**. Ces dialogues peuvent être rédigés en prose ou en vers, selon la forme et l'époque. Il faut distinguer le texte dit par les comédiens : **les répliques**, et les indications scéniques : **les didascalies**.

➜ Les répliques

Au théâtre, une réplique s'adresse à un autre personnage, mais aussi toujours au spectateur, c'est ce que l'on nomme **la double énonciation**.

Un lexique spécifique permet d'étudier les répliques :
– Un **dialogue** : échange de répliques entre plusieurs personnages.
– Un **monologue** : un personnage parle seul sur scène (ou se croyant seul), il révèle ses sentiments, ses interrogations aux spectateurs.
– Une **tirade** : longue réplique d'un personnage (il n'est pas seul sur scène).
– **Un aparté** : propos d'un personnage qui est entendu par les spectateurs et parfois par un personnage mais qui est censé échapper aux autres acteurs présents sur scène.

« LA FLÈCHE : Vous avez de l'argent caché ?

HARPAGON : Non coquin, je ne dis pas cela. (*À part.*) J'enrage. »

Molière, *L'Avare*, I, 3.

– Une **stichomythie** : échange de répliques de longueur équivalente (souvent des vers), qui traduit une joute verbale entre deux personnages.

➔ Les didascalies

• Ce mot vient du grec *didaskalia* : « enseignements, instructions ». Ce sont les **indications scéniques** données par l'auteur, elles sont notées en italiques juste après le nom du personnage ou entre parenthèses à l'intérieur d'une réplique. Elles renseignent sur **la mise en scène, le décor, les mouvements, les tons** à prendre, **les intentions** des personnages…

• Certaines didascalies peuvent faire partie des répliques des personnages, on parle alors de **didascalies internes**.

➔ Plan d'un théâtre traditionnel dit à l'italienne

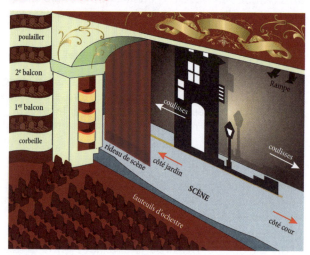

Citation à retenir

« LUBIN :
Voilà un homme qui me regarde. »

Molière, *George Dandin*, I, 2, 1668.

Quiz

① À quel dieu le théâtre était-il consacré chez les Grecs ?

② Quels genres théâtraux ont influencé Molière ?

③ Quelles sont les trois unités dans le théâtre classique ?

6. La comédie-ballet

➜ Un roi artiste...

Louis XIV est un grand amateur de danse et de musique, deux arts qu'il pratique lui-même depuis son plus jeune âge en se mêlant souvent sur scène aux artistes professionnels. À Versailles, il multiplie les fêtes grandioses qui sont autant d'occasion de se **divertir** mais aussi d'affirmer et de montrer sa puissance.

➜ ... et politicien

Le spectacle joue un véritable **rôle politique** : il doit servir le rayonnement du roi.

Louis XIV dans ses *Mémoires* explique clairement l'intérêt des fêtes au Dauphin : « Par là nous tenons leur [au peuple] esprit et leur cœur, quelquefois plus fortement peut-être que par les récompenses et les bienfaits ; et à l'égard des étrangers, dans un État qu'ils voient florissant d'ailleurs et bien réglé, ce qui se consume en ces dépenses qui peuvent passer pour superflues, fait sur eux une impression très avantageuse de magnificence, de puissance, de richesse et de grandeur » (*Mémoires pour l'instruction du dauphin*, « Mémoires pour l'année 1662 », texte présenté par Pierre Goubert, Paris, Imprimerie nationale, 1992).

➜ Un nouveau genre

Molière invente la comédie-ballet pour satisfaire au goût de Louis XIV. Avec les musiciens Jean-Baptiste Lully et Marc-Antoine Charpentier, il crée des spectacles où musique, chant et danse viennent se mêler à la comédie. Selon les cas, le ballet peut ouvrir et clôturer la pièce, s'insérer entre les actes, voire faire partie du développement même de l'intrigue.

Dans l'avertissement des *Fâcheux*, **première comédie-ballet** donnée devant Louis XIV en **1661** dans le parc du château de Vaux-le-Vicomte, Molière explique la place qu'il a voulu donner aux ballets dans sa comédie : « De sorte que, pour ne point rompre aussi le fil de la pièce par ces manières d'intermèdes, on s'avisa de les coudre au sujet du mieux que l'on put, et de ne faire qu'une seule chose du ballet et de la comédie ; mais, comme le temps était fort précipité, et que tout cela ne fut pas réglé entièrement par une même tête, on trouvera peut-être quelques endroits du ballet qui n'entrent pas dans la comédie aussi naturellement que d'autres. Quoi qu'il en soit, c'est un mélange qui est nouveau pour nos théâtres. »

Ce spectacle complet plaît au roi et à sa cour, le divertissement représenté a plus de magnificence qu'une simple pièce jouée dans un théâtre. Le genre déclinera après la mort de Molière, Lully, protégé par le roi, préférant redonner toute leur place aux ballets et à la musique.

Quiz

1. Quel est le double intérêt des fêtes pour Louis XIV ?
2. À quels musiciens Molière s'associe-t-il pour créer les comédies-ballets ?
3. Quels arts se mêlent dans les comédies-ballets ?

L'œuvre et le parcours associé

📖 L'ŒUVRE *Le Malade imaginaire*

1. Pour entrer dans l'étude 20
2. Résumés 23
3. Les personnages principaux 28
4. Les thèmes de l'œuvre 32

🎭 LE PARCOURS ASSOCIÉ
Spectacle et comédie

THÈME 1 La comédie, lieu de la satire sociale 40

THÈME 2 Dénoncer des caractères humains universels 45

THÈME 3 Texte et représentation 49

THÈME 4 Femmes de comédie 53

THÈME 5 La comédie, un lieu de confrontation de valeurs 57

L'ŒUVRE

1 Pour entrer dans l'étude

A La création du *Malade imaginaire*

➜ Genèse de l'œuvre

Louis XIV revient victorieux de la campagne de Hollande de 1672, et c'est à ce moment que Molière conçoit l'idée de préparer pour la cour un spectacle mêlant musique et danses pour satisfaire au goût du roi. C'est ce qu'il affirme dans le prologue mis en tête du *Malade imaginaire* où il présente l'œuvre comme une comédie composée.

➜ La rupture avec Lully

Cependant, la comédie-ballet du *Malade imaginaire* n'est pas représentée à la cour, et le roi ne la verra que l'année suivante à Versailles. La première représentation a lieu le 10 février 1673 à Paris au Palais-Royal suite à la querelle entre Molière et Lully. Ce dernier avait obtenu en 1672 des **lettres patentes*** défendant à toute personne « de faire chanter aucune pièce entière en France, soit en vers français ou autre langue, sans la permission par écrit dudit sieur Lully », lettres confirmées par une ordonnance royale. Molière, lésé par ces privilèges exclusifs, se brouilla avec Lully et commanda la musique du *Malade imaginaire* à Marc-Antoine Charpentier, espérant que Louis XIV ne maintiendrait pas son monopole. Ce fut vain, Lully obtint encore d'autres privilèges concernant même l'édition des textes associés à ses compositions musicales. Molière, voyant que l'appui du roi lui manquait, renonça alors à donner sa pièce à la cour.

Citation à retenir

« [...] après les glorieuses fatigues et les exploits victorieux de notre auguste monarque [...] dont le projet a été fait pour le [Louis XIV] délasser de ses nobles travaux. »

Le Malade imaginaire, prologue.

Lexique

Les lettres patentes sont des textes législatifs qui rendent public et officiel un privilège accordé par le roi.

➜ Les représentations

Jouée pour la première fois **le 10 février 1673** sur les planches du théâtre de Molière au Palais-Royal, la pièce connaît un succès immédiat. Le *Registre de La Grange* (comédien de la troupe de Molière qui tenait les comptes des représentations) nous apprend que la recette fut élevée. La pièce est encore jouée trois fois dans les huit jours qui suivent (le 12, le 14 et le 17 février) avec Molière dans le rôle principal d'Argan, toujours avec le même succès, comme en témoigne la G*azette rimée* de Robinet du 18 février 1673 :

> « Molière, cet incomparable,
> Et de plus en plus admirable,
> Attire aujourd'hui tout Paris
> Par le dernier de ses écrits,
> Où d'un Malade imaginaire,
> Il nous dépeint le caractère. »

Une gazette est un périodique contenant des nouvelles politiques et littéraires… Aujourd'hui on dirait « un journal ». Il en existait deux sous Louis XIV, l'une était rédigée en vers : *La Gazette rimée*, l'autre en prose, *La Gazette de France*.

Quinze jours après la mort de Molière – quelques heures après la représentation du 17 février –, la pièce est reprise, comme on peut le lire dans le *Registre de La Grange* : « Dans le désordre où la Troupe se trouva après cette perte irréparable, […] Vendredi 3 mars, on recommença le *Malade imaginaire*. M. de la Thorillière joua le rôle de M. de Molière. »

En 1674, le succès de la pièce se confirma : entre mai et juillet, elle fut jouée pas moins de 38 fois, et Louis XIV, pour qui Molière l'avait composée, la vit enfin à Versailles le 21 août 1674.

B Le parcours associé : « Spectacle et comédie »

● Le terme « **spectacle** » vient du verbe latin *spectare* qui signifie « regarder », il renvoie donc clairement à la représentation théâtrale devant un public. Il conviendra donc de s'interroger sur les deux points du vue associés au mot « spectacle » : celui des professionnels (comédiens, metteurs en scène…) et celui des spectateurs. Aussi, le texte théâtral n'est pas fait pour être lu mais avant tout pour être **vu** et **entendu**, il aura donc plusieurs destinataires : les personnages sur scène, mais aussi les spectateurs.

Le saviez-vous ?

Le mot « théâtre » vient du grec ancien θέατρον, *théatron* : le « lieu où on regarde ».

Citation à retenir

« *Castigat ridendo mores* » (La comédie corrige les mœurs en riant.)

Devise de la comédie, imaginée par le poète Jean de Santeul (1630-1697).

● La **comédie** est chez les Grecs antiques le chant, *odè* (ᾠδή), du *komos* (κῶμος), c'est-à-dire du cortège joyeux des fêtes de Dionysos au cours desquelles tout débordement et toute transgression sont autorisés. Le genre théâtral qui en découle garde ces caractéristiques : il a pour but de divertir mais aussi de dénoncer les travers humains en mettant en évidence leur ridicule. Le terme désigne également l'art de l'acteur – le comédien – qui « joue la comédie », c'est-à-dire qui interprète un rôle.

● *Le Malade imaginaire* interroge particulièrement la place du spectacle et des spectateurs par sa dimension de comédie-ballet. L'art de la comédie de Molière y est porté au plus haut point dans tous les registres comiques : la pièce relève à la fois de la farce, de la comédie de caractère, de la comédie de mœurs et de la comédie d'intrigue. Voici donc les problématiques à travers lesquelles on peut aborder le parcours :

➜ **Comment mettre en scène le théâtre de Molière ?**
➜ **Quels sont les enjeux de la parole au théâtre ? (double énonciation)**
➜ **Quels sont les ressorts de la comédie (types de comique, types de comédie, comment le rire naît-il ?)**
➜ **La comédie a-t-elle pour unique but de divertir les spectateurs ?**

Quiz

❶ De quelles « glorieuses fatigues » Molière souhaite-t-il délasser Louis XIV ?
❷ Pourquoi Molière s'est-il brouillé avec Lully ?
❸ Quels sont les deux points de vue associés au mot « spectacle » ?

2 Résumés

RÉSUMÉ SYNTHÉTIQUE

Argan, le « malade imaginaire » éponyme*, est un homme bien portant qui se croit très malade et devient furieux quand on lui dit qu'il ne l'est pas. Il s'est attaché les services de deux médecins, M. Diafoirus et M. Purgon. Pédants et ridicules, ils font mine de le soigner à grand renfort de purges et de remèdes inutiles.

Argan est veuf, il s'est remarié à Béline qui simule l'attention pour son mari malade, mais n'attend en réalité que sa mort pour toucher l'héritage et en écarter sa fille Angélique avec l'aide du notaire, M. Bonnefoy.

Angélique est amoureuse de Cléante, ce qui contrarie Argan qui voudrait lui faire épouser Thomas Diafoirus, un médecin, pour s'assurer ses services à l'intérieur de sa propre famille. Pour empêcher ce mariage forcé, l'astucieuse servante Toinette va être d'un grand secours : se moquant non seulement des médecins en prenant leur place, elle n'hésite pas non plus à s'opposer à Béline et démasque son hypocrisie en conseillant à Argan de faire semblant d'être mort. Béline et Angélique, appelées au chevet d'Argan, ont des réactions opposées : Béline manifeste sa joie d'en être débarrassée pour toucher l'héritage alors qu'Angélique éprouve un chagrin sincère devant le corps de son père.

Argan arrête alors son jeu et accepte l'union avec Cléante, à condition que celui-ci devienne médecin. Argan, convaincu par son frère Béralde, se fait recevoir lui aussi médecin dans une cérémonie finale burlesque qui couvre de ridicule la profession.

Lexique
Éponyme : Éponyme signifie « qui donne son nom à quelque chose », un héros éponyme donne son nom au titre de l'œuvre.

Citation à retenir

BÉRALDE : « Mais, mon frère, il me vient une pensée : faites-vous médecin vous-même. La commodité sera encore plus grande, d'avoir en vous tout ce qu'il vous faut. »

Le Malade imaginaire, III, 14.

Quiz

1. Quelle est l'ambition de Béline ?
2. Pourquoi Argan veut-il faire épouser Thomas Diafoirus à Angélique ?
3. Quelle ruse Toinette invente-t-elle ?

RÉSUMÉ DÉTAILLÉ

➜ Prologue

Louanges à la gloire de Louis XIV sous forme d'églogue* mettant en scène les Bergers Tircis et Dorilas qui cherchent à séduire les Bergères Climène et Daphné. La déesse Flore leur apprend le retour du roi et demande aux Bergers de s'affronter en chantant sa gloire. Le dieu Pan interrompt la joute poétique en disant qu'« Il n'est point [...] de mots assez grands pour en tracer l'image » et qu'il vaut mieux se consacrer à le divertir.

> **Lexique**
> **Églogue :** Petit poème champêtre.

➜ Acte I – L'exposition

- **Scène 1 (Argan) :** Argan seul sur scène compte l'argent qu'il doit à ses médecins et s'agace de l'absence de réponse de sa servante Toinette qu'il appelle.

- **Scène 2 (Toinette, Argan) :** Toinette se plaint de l'impatience de son maître et se moque des médecins et de leurs prétendus remèdes.

- **Scène 3 (Angélique, Toinette, Argan) :** Angélique arrive sur scène et Argan a une envie pressante et doit courir aux toilettes.

- **Scène 4 (Angélique, Toinette) :** Angélique profite de l'absence de son père pour se confier à Toinette sur l'amour qu'elle éprouve pour un jeune homme.

- **Scène 5 (Argan, Angélique, Toinette) :** Scène de quiproquo*, Argan annonce à sa fille qu'on lui a demandé sa main, Angélique, heureuse, croit qu'il s'agit de Cléante, mais elle finit par comprendre que son père veut la marier à un médecin. Toinette s'oppose vigoureusement à ce mariage forcé.

- **Scène 6 (Béline, Angélique, Toinette, Argan) :** Béline propose qu'Angélique entre au couvent. Argan parle de son testament, Béline dit qu'elle ne veut pas parler de la mort de son mari, mais elle a pourtant convoqué un notaire.

- **Scène 7 (Le Notaire, Béline, Argan) :** Hypocrite, Béline feint de ne pouvoir vivre sans Argan qui décide, sur les conseils du notaire, de lui léguer toute sa fortune de son vivant, déshéritant ainsi ses filles.

- **Scène 8 (Angélique, Toinette)** : Angélique est désespérée par la perspective du mariage forcé. Toinette la réconforte en lui promettant de l'aider.

→ Premier intermède

Sérénade de Polichinelle, l'amant de Toinette. Il est interrompu constamment par les violons puis par des archers qui veulent le jeter en prison.

→ Acte II – Les péripéties

- **Scène 1 (Toinette, Cléante)** : Cléante explique à Toinette qu'il va se présenter comme remplaçant du maître de musique pour voir Angélique.

- **Scène 2 (Argan, Toinette, Cléante)** : Toinette présente Cléante à Argan, elle insiste pour qu'il donne le cours de musique dans la chambre d'Angélique. Mais Argan veut profiter de la musique : le cours aura lieu devant lui.

- **Scène 3 (Argan, Angélique, Cléante)** : Angélique tente de dissimuler sa surprise de voir Cléante chez elle en racontant à son père un rêve troublant.

- **Scène 4 (Toinette, Cléante, Angélique, Argan)** : Toinette annonce l'arrivée des Diafoirus (père et fils). Cléante veut partir, mais Argan le retient et l'invite même au mariage.

- **Scène 5 (Monsieur Diafoirus, Thomas Diafoirus, Argan, Angélique, Cléante, Toinette)** : Thomas présente ses hommages à Angélique qu'il confond avec Béline, Monsieur Diafoirus vante les mérites de son fils. Argan demande à Angélique et au maître de musique de leur chanter un air, ils se lancent alors dans une improvisation qui représente leur propre situation. La chanson déplaît à Argan.

- **Scène 6 (Béline, Argan, Toinette, Angélique, Monsieur Diafoirus, Thomas Diafoirus)** : Angélique fait part de son souhait de ne pas se marier contre son gré. Tout le monde s'y oppose. Argan conclut : Angélique choisira Thomas Diafoirus ou le couvent. Les Diafoirus auscultent Argan avant de prendre congé.

- **Scène 7 (Béline, Argan)** : Béline avertit Argan qu'elle a surpris Angélique dans sa chambre avec un homme, et que la petite Louison était avec eux.

- **Scène 8 (Louison, Argan)** : Argan interroge Louison qui finit par avouer, sous la menace du fouet, la visite de Cléante.

- **Scène 9 (Béralde, Argan)** : Béralde vient proposer un nouveau mari pour sa nièce et un divertissement pour détendre Argan.

➜ Second intermède
Des Égyptiens déguisés en Mores chantent et dansent sur le thème du *carpe diem* (il faut profiter de sa jeunesse).

➜ Acte III – Les péripéties et le dénouement

- **Scène 1 (Béralde, Argan, Toinette)** : Argan retourne aux toilettes.

- **Scène 2 (Béralde, Toinette)** : Toinette annonce à Béralde qu'elle a un plan pour venir en aide à Angélique.

- **Scène 3 (Argan, Béralde)** : Dispute entre Argan et son frère, ce dernier dénonce l'inutilité des médecins face à Argan qui les défend vigoureusement.

- **Scène 4 (Monsieur Fleurant, Argan, Béralde)** : Béralde s'oppose à l'apothicaire qui vient pour administrer un lavement à Argan.

- **Scène 5 (Monsieur Purgon, Argan, Béralde, Toinette)** : Monsieur Purgon est indigné qu'Argan n'ait pas pris le lavement qu'il lui avait prescrit. Il lui dit qu'il va attraper de nombreuses maladies, ce qui l'anéantit.

- **Scène 6 (Argan, Béralde)** : Béralde explique à Argan désespéré que les remèdes comme les menaces de son médecin n'ont aucun pouvoir.

- **Scène 7 (Toinette, Argan, Béralde)** : Toinette annonce à Argan qu'un nouveau médecin veut le rencontrer.

- **Scène 8 (Toinette, Argan, Béralde)** : Toinette déguisée en médecin vient proposer ses services à Argan.

- **Scène 9 (Toinette, Argan, Béralde)** : Toinette sort et revient immédiatement en servante pour qu'Argan soit trompé malgré la ressemblance entre sa servante et le nouveau médecin.

- **Scène 10 (Toinette, Argan, Béralde)** : Toinette à nouveau déguisée en médecin explique que les médecins d'Argan sont des ignorants. Elle pose de nouveaux diagnostics extravagants et ridicules qui commencent à faire douter Argan de la médecine.
- **Scène 11 (Toinette, Argan, Béralde)** : Toinette propose à Argan de faire le mort pour connaître les véritables sentiments de Béline.
- **Scène 12 (Béline, Toinette, Argan, Béralde)** : Argan fait semblant d'être mort, Béline est ravie d'être débarrassée d'un mari qu'elle n'aimait que pour son argent. Argan se relève et Béline s'enfuit.
- **Scène 13 (Angélique, Argan, Toinette, Béralde)** : Argan joue la même comédie devant sa fille pour éprouver ses sentiments. Elle est inconsolable.
- **Scène 14 (Cléante, Angélique, Argan, Toinette, Béralde)** : Cléante partage la peine d'Angélique. Argan reprend vie et consent au mariage d'Angélique et de Cléante à la condition qu'il devienne médecin. Béralde suggère à son frère de se faire lui-même médecin.

➜ Troisième intermède

Cérémonie burlesque en latin macaronique* où des médecins, des apothicaires, des chirurgiens consacrent un homme médecin.

> **Lexique**
>
> **Latin macaronique :** Le latin macaronique ou « latin de cuisine » est une imitation humoristique du latin : on y mélange des mots français et latins ou bien on ajoute simplement des terminaisons qui évoquent le latin.

Quiz

1. Combien compte-t-on de parties chantées et dansées dans cette comédie-ballet ?
2. Quel personnage de la *Commedia dell'arte* intervient dans un intermède ?
3. Dans quelles scènes se situe le dénouement ?

3 Les personnages principaux

A Les relations entre les personnages

« Les amoureux »

Angélique
- Fille aînée d'Argan.
- Aime sincèrement son père, son prénom évoque l'innocence et la douceur.
- Souhaite épouser Cléante.
- Grande complicité avec la servante Toinette.

aident ←

s'aiment ↔

Cléante
- Amant d'Angélique.
- Jeune, beau, courageux et spirituel.

Monsieur Diafoirus
- Médecin, père de Thomas.
- Hostile aux nouveautés médicales.

Thomas Diafoirus
- Fils de Monsieur Diafoirus et médecin lui-même.
- Doit épouser Angélique selon l'arrangement conclu entre leurs pères.
- Simplet.

« Le corps médical »

Monsieur Purgon
- Médecin d'Argan. Oncle de Thomas.
- Souhaite donner sa fortune à son neveu pour son mariage.

Monsieur Fleurant
- Apothicaire (pharmacien).
- Ami de Monsieur Purgon.

exploitent →

Argan
- Personnage principal, malade imaginaire (hypocondriaque).
- Père d'Angélique et de Louison, veuf et remarié à Béline.
- Riche bourgeois, personnage type de la comédie : père autoritaire, borné et ridicule.

trompent ←

Béline
- Seconde femme d'Argan, plus jeune que lui.
- Personnage type de la marâtre opposée à sa belle-fille.
- Feint d'aimer Argan mais ne veut que son argent.

« Les intrigants »

Monsieur Bonnefoy
- Notaire.
- Allié de Béline, il la conseille pour s'accaparer la fortune d'Argan.

s'opposent ↖   **raisonnent** ↑

Béralde
- Frère d'Argan.
- Essaie de raisonner son frère et se moque de la médecine.
- Aide sa nièce Angélique.

Toinette
- Servante d'Argan.
- Rusée et impertinente.
- Soutient Angélique et se moque des médecins.

Louison
- Fille cadette d'Argan et sœur d'Angélique.
- Rusée.

« Les adjuvants »

B Caractéristiques des personnages

Les personnages du *Malade imaginaire* sont des personnages types de la comédie que l'on retrouve d'une pièce à l'autre :
– le vieux père autoritaire et égoïste (Argan) ;
– la jeune fille innocente et amoureuse (Angélique) ;
– le jeune amoureux (Cléante) ;
– la servante insolente et rusée (Toinette) ;
– la marâtre* (Béline) ;
– les docteurs pédants (les Diafoirus, Monsieur Purgon) ;
– l'homme de loi malhonnête (le Notaire).

Argan

Argan est le malade imaginaire éponyme*, personnage monomaniaque obnubilé par sa santé (comme Harpagon l'est par l'argent ou le bourgeois gentilhomme par la noblesse). Il s'entoure de médecins qui sont des charlatans uniquement intéressés par son argent. Avare et égoïste, il s'oppose au mariage d'amour de sa fille et veut qu'elle épouse un médecin qui pourra ainsi le soigner gratuitement. Sa folie de la maladie l'aveugle au point de se laisser abuser par tous ceux qui l'entourent : de ses médecins à sa femme Béline.

Angélique

C'est la jeune amoureuse, naïve, sincère et honnête, elle a rencontré le grand amour en la personne de Cléante une semaine avant et préférerait la mort à une union avec le prétendant que son père lui destine. Même si elle s'oppose à lui, elle aime son père sans arrière-pensée, « Hélas ! faut-il que je perde mon père, la seule chose qui me restait au monde ? » (III, 13). Elle est très proche de la servante Toinette qui est à la fois sa confidente et sa conseillère, mais aussi de son oncle et de sa sœur qui la soutiennent dans son projet d'épouser Cléante.

Cléante

L'amant, c'est-à-dire l'amoureux d'Angélique, il est beau et courageux. Il rencontre Angélique de façon romanesque en prenant sa défense : « Ne trouves-tu pas que cette action d'embrasser ma défense sans me connaître est tout à fait d'un honnête homme ? » (I, 4). Il fait aussi preuve d'esprit en se prétendant maître de musique pour rendre visite à Angélique et en improvisant une chanson avec aisance. Profondément amoureux, il accepte de se faire médecin pour obtenir la main d'Angélique.

Toinette

Toinette est la servante rusée, héritière des caractéristiques d'Arlequin comme pouvait l'être Scapin dans les *Fourberies*. Elle est adroite, fidèle, pleine de bon sens et n'hésite pas à tenir tête aux maîtres. C'est elle qui met en place le dénouement pour faire tomber les masques et montrer à Argan le véritable visage de chacun. Elle tient un rôle central dans la pièce en étant présente dans 22 scènes, juste derrière Argan qui en occupe 26.

Béline

Seconde femme d'Argan, elle fait semblant d'aimer son mari et d'en prendre grand soin, mais elle attend vivement sa mort pour toucher son héritage. « Me voilà délivrée d'un grand fardeau » (III, 12), dira-t-elle en apprenant son décès. Personnage hypocrite et antipathique de la marâtre que l'on retrouve dans les contes (voir Cendrillon) et comédies, elle prend des dispositions auprès du notaire complice et souhaite envoyer ses belles-filles au couvent pour ne pas avoir à partager l'héritage.

Louison

Petite sœur d'Angélique, son père la nomme « petite masque » (II, 8), c'est-à-dire personne effrontée et rusée qui dissimule la vérité (de l'italien *maschera*, « faux visage ; sorcière »). Elle tente d'abord de couvrir sa sœur, puis dévoile la vérité à son « pauvre papa ». C'est le personnage enfantin à la fois drôle, rusé et complice.

Béralde

Frère d'Argan, très sensé, il rejette les médecins qui, selon lui, ne savent pas guérir et ne sont intéressés que par l'argent des malades. Il s'associe à Toinette pour intercéder en faveur de sa nièce Angélique. Amateur de théâtre, il conseille à Argan de voir les œuvres de Molière pour se forger un meilleur avis sur la médecine : « [...] j'aurais souhaité de pouvoir un peu vous tirer de l'erreur où vous êtes, et, pour vous divertir, vous mener voir sur ce chapitre quelqu'une des comédies de Molière. » (III, 3).

Monsieur Diafoirus

Médecin, il a arrangé avec Argan le mariage de leurs enfants. C'est le personnage type du médecin chez Molière : pédant, obstiné, fermé à la nouveauté. Il vante les mérites de son fils sans pouvoir s'empêcher de souligner aussi ses défauts. Son nom est particulièrement bien choisi : le préfixe grec *dia-* signifie « à travers », le suffixe *-us* latinise le nom pour plus de pédanterie, et le radical « foire » renvoie de façon familière aux diarrhées qu'il impose à ses patients.

Thomas Diafoirus

Fils de Monsieur Diafoirus, médecin lui aussi, il est présenté dans une didascalie comme « un grand benêt, nouvellement sorti des Écoles, qui fait toutes choses de mauvaise grâce et à contretemps » (II, 5). Il est l'opposé de Cléante, sans imagination et peu éveillé, comme le dit son père lui-même (II, 5). Son mariage avec Angélique est arrangé par leurs pères, et si sa future épouse n'est pas amoureuse, cela ne lui pose aucun problème. Il se positionne contre les découvertes médicales récentes à propos de la circulation sanguine.

Monsieur Fleurant

C'est l'apothicaire, assujetti à Monsieur Purgon, il n'apparaît qu'une seule fois dans la pièce (III, 4) pour administrer un lavement à Argan. Son rôle est donc de préparer les lavements prescrits par Monsieur Purgon, de les administrer avec une grande seringue, puis d'en mesurer les effets, comme son nom l'indique en « fleurant », c'est-à-dire, en sentant, le résultat : « […] c'est à monsieur Fleurant à y mettre le nez […] » (I, 2).

Monsieur Bonnefoy

C'est le notaire de Béline, il lui explique les différentes façons de contourner la loi pour hériter de la fortune d'Argan. C'est la caricature de l'homme de droit qui détourne la loi, il fait partie, comme il le dit lui-même, des personnes « qui ont des expédients pour passer doucement par-dessus la loi » (I, 7). Son nom est formé par antiphrase de l'expression « être de bonne foi », c'est-à-dire « être sincère, loyal et honnête ».

Monsieur Purgon

Il est le médecin attitré d'Argan, homme riche et sans famille, à part son neveu Thomas à qui il « donne tout son bien, en faveur de ce mariage » (I, 5). Il illustre par sa pratique médicale l'esprit tyrannique de la Faculté de médecine et en appelle à la vengeance si le patient ne suit pas les remèdes prescrits. Il va jusqu'à lancer une malédiction sur le malade : « Et je veux qu'avant qu'il soit quatre jours vous deveniez dans un état incurable » (III, 5). Son nom résume les uniques traitements qu'il prescrit : des lavements qui ont pour but de « purger » le corps du malade.

Quiz

1. Quelles sont les quatre catégories de personnages qui gravitent autour d'Argan ?
2. Quel personnage joue un rôle principal dans la progression des péripéties ?
3. Quel type de comique est utilisé dans les noms des médecins ?

4 Les thèmes de l'œuvre

A La médecine

➜ La satire des médecins

• La satire des médecins est un thème théâtral récurrent que Molière reprend ici pour le porter à son apogée. Il dispose lui-même d'une solide culture médicale grâce à ses lectures et à ses amis médecins (Armand-Jean de Mauvillain ou François Bernier par exemple), ce qui donne plus de poids et de profondeur à sa critique comique de la médecine.

• Les attaques contre les médecins apparaissent d'abord dans le choix des noms odorants du corps médical : Purgon, Diafoirus, Fleurant.

• Molière les accuse d'obscurantisme et de conservatisme : ils sont fermés à toute idée de progrès, les connaissances médicales évoluent au XVIIe siècle, mais les médecins de Molière ne pratiquent que lavements et saignées censés soulager l'organisme.

• Selon Molière les médecins sont donc des imposteurs opportunistes, plus intéressés par l'argent du malade que par le fait de le guérir.

➜ L'hypocondrie

• Le titre de la pièce annonce clairement le paradoxe initial : le personnage principal sera un « malade sain ». Cette formule qui relève de l'oxymore* porte un nom médical précis : l'hypocondrie*.

• Le ressort comique tiré de cette situation paradoxale est double : les autres personnages, comme les spectateurs, savent que le malade ne l'est pas et s'amusent de cette folie, le personnage s'enferme dans son obsession de la maladie et en perd tout bon sens.

Citations à retenir

« ARGAN :
Ce n'est pas ma faute.
M. PURGON :
Puisque vous vous êtes soustrait de l'obéissance que l'on doit à son médecin. »

Le Malade imaginaire, III, 5.

« TOINETTE : […] ils ont en vous une bonne vache à lait »

Le Malade imaginaire, I, 2.

« BÉRALDE : […] on voit bien que vous n'avez pas accoutumé de parler à des visages. »

Le Malade imaginaire, III, 4.

L'ŒUVRE

- La scatologie – le rire du « pipi, caca » – est associée à ce comportement hypocondriaque : le corps du malade prime sur la bienséance et il n'hésite pas à partager ses dysfonctionnements supposés sans aucune pudeur ou retenue, certaines scènes n'étant consacrées qu'à son départ précipité aux toilettes (I, 3).

- Cependant, la maladie est bien réelle : mais contrairement à ce que pense Argan, ce n'est pas son corps qui est atteint mais son esprit, et tous les personnages positifs n'auront de cesse d'essayer de le guérir.

➜ Le discours sur la médecine

- Béralde est le véritable médecin de son frère, qui cependant refuse de l'écouter. C'est lui qui révèle l'imposture médicale en faisant la leçon à Argan : il n'est pas malade et les médecins ne savent pas guérir.

- Béralde se moque de la pédanterie des médecins qui cachent leur ignorance derrière un jargon latinisé incompréhensible pour les malades et imposent leur autorité grâce à leur habit.

- Enfin, c'est une dimension mystique et quasi religieuse de la médecine qui est reprochée à plusieurs reprises, comme lors de la cérémonie finale d'intronisation ou lorsque Purgon lance une malédiction sur Argan.

Quiz

1. **Quels sont les deux reproches principaux faits aux médecins ?**
2. **Qu'est-ce que l'hypocondrie ?**
3. **Quel personnage argumente contre la médecine ?**

Citations à retenir

« TOINETTE : Il marche, dort, mange, et boit tout comme les autres ; mais cela n'empêche pas qu'il ne soit fort malade. »

Le Malade imaginaire, II, 2.

« BÉRALDE : Ce ne sont point les médecins qu'il [Molière] joue, mais le ridicule de la médecine. »

Le Malade imaginaire, III, 3.

« BÉRALDE : L'on n'a qu'à parler avec une robe et un bonnet, tout galimatias devient savant, et toute sottise devient raison. »

Le Malade imaginaire, III, 14.

Citations à retenir

ARGAN [s'imaginant parler à Molière] : « Crève, crève ! cela t'apprendra une autre fois à te jouer à la Faculté. »

Le Malade imaginaire, III, 3.

« LOUISON : Là, là, mon papa, ne pleurez point tant, je ne suis pas morte tout à fait. »

Le Malade imaginaire, II, 8.

B La mort

➜ Rire de la mort

- La thématique de la mort est omniprésente dans la pièce, certains y voient une prémonition de Molière, une sorte de testament littéraire. Au-delà de cet écho troublant avec la biographie de l'auteur, on peut y lire la volonté de vaincre la souffrance et la mort par le rire. Béralde présente d'ailleurs la comédie comme le meilleur des remèdes (III, 3).

- Chaque personnage de la pièce évoque en effet la mort : Argan a peur de mourir, les médecins la convoquent sans cesse, Béline et le notaire l'attendent impatiemment, Angélique et Cléante songent au suicide si on les sépare (II, 5), Thomas invite sa promise à la dissection d'un cadavre… La peur de la mort est un véritable ressort de la tension nécessaire à la pièce : elle commande les actes d'Argan qui entraînent les réactions des autres personnages.

➜ La fausse mort

- Le stratagème de la fausse mort est employé à trois reprises dans la pièce : la petite Louison d'abord qui feint la mort pour échapper à une punition et attendrir son père, puis Argan qui éprouve tour à tour les véritables sentiments de Béline et d'Angélique en les confrontant au simulacre de sa propre mort.

- Cette mise en scène de la mort contribue une fois encore à la désacraliser : la mort devient jeu théâtral, et même jeu d'enfant, comme si elle était exorcisée par le ridicule.

Quiz

1. Pourquoi Molière évoque-t-il la mort dans une comédie ?
2. Pour quelles raisons Argan fait-il semblant de mourir ?

C L'amour

➜ L'amour contrarié

- Le schéma traditionnel d'une comédie d'intrigue repose sur le mariage d'amour d'une jeune fille contrarié par ses parents. Le personnage s'opposant à l'union étant aveuglé par ses travers, l'action de la pièce a pour but de révéler les défauts et le ridicule de son caractère.
- *Le Malade imaginaire* respecte parfaitement ce schéma : Argan, hypocondriaque, refuse que sa fille Angélique épouse le jeune Cléante et veut lui imposer un médecin afin de l'avoir sous la main dès qu'il en a besoin. L'intérêt, pourtant inutile, du père prime sur l'amour.

➜ L'amour filial

- À l'égoïsme d'Argan s'opposent la sincérité et l'amour sans condition d'Angélique : elle connaît les travers de son père mais ne lui en tient pas rigueur et l'aime tendrement, comme en témoignent ses réactions lors de l'annonce de sa mort.
- Malgré tout ce qui est mis en place pour un dénouement dramatique tout au long de la pièce : abus du corps médical, ruine d'Argan et de ses enfants programmée par Béline, mariage forcé ou entrée au couvent de Louison et d'Angélique, la pièce vit le dénouement heureux d'une comédie grâce à la sincérité de l'amour filial qui triomphe du faux amour intéressé. Les bons sont récompensés et les méchants punis. Argan lui-même, malgré ses travers et son égoïsme, trouve du crédit aux yeux du spectateur, certes, il conserve son ridicule et sa maladie psychique mais on le voit attendri devant les minauderies de Louison ou la tristesse d'Angélique.

➜ L'amour comique

- Le sentiment amoureux est aussi un ressort comique particulièrement utilisé dans la farce ou la *Commedia dell'arte*. L'amoureux transi, le mari trompé, les jeux de séduction, les grivoiseries sont autant d'outils propres à faire naître le rire.

Citations à retenir

« ANGÉLIQUE : Le mariage est une chaîne où l'on ne doit jamais soumettre un cœur par force. »

Le Malade imaginaire, II, 6.

« ANGÉLIQUE : Hélas ! je pleure tout ce que dans la vie je pouvais perdre de plus cher et de plus précieux : je pleure la mort de mon père. »

Le Malade imaginaire, III, 14.

« ARGAN : Ah ! ma pauvre fille, ma pauvre petite Louison. »

Le Malade imaginaire, II, 8.

• Le premier intermède, qui met en scène Polichinelle, l'amoureux de Toinette, en est un exemple. Le thème de l'amour est utilisé à des fins comiques, que ce soit dans l'utilisation des mots qui désignent l'élue de son cœur « dragonne ; diablesse ; tigresse… », dans la sérénade mièvre interrompue par les violons, dans les répétitions ou les coups de bâton typiques de la farce.

« POLICHINELLE :
Ô nuit ! ô chère nuit ! porte mes plaintes amoureuses jusque dans le lit de mon inflexible. »

Le Malade imaginaire, premier intermède.

Quiz

1. Quel est le schéma traditionnel d'une comédie d'intrigue ?
2. Comment l'amour empêche-t-il la ruine d'Argan ?
3. Quel personnage est une caricature de l'amoureux transi ?

D Le mensonge

→ L'hypocrisie

• En grec ancien, le mot « hypocrite » (ὑποκριτής) signifie acteur, comédien. C'est dire si l'hypocrisie est intimement liée au théâtre, il s'agit bien de jouer un rôle, de faire passer pour vrai ce qui ne l'est pas.

• Dès lors, l'hypocrisie prend très vite un sens péjoratif. Dans *Le Malade imaginaire*, le groupe des hypocrites est incarné par les médecins, le notaire et Béline. Tous ces personnages tournent autour du personnage monomaniaque qu'est Argan pour exploiter ses faiblesses.

« BÉLINE :
Ne me parlez point de bien, je vous prie.
Ah ! de combien sont les deux billets ? »

Le Malade imaginaire, I, 7.

• Ils le confortent dans sa maladie imaginaire pour en tirer profit, s'attirant ainsi l'antipathie du spectateur qui n'est pas dupe. Cette connaissance supérieure du spectateur sur le personnage principal provoque aussi le rire : on en sait plus que le personnage et l'on s'amuse de son ridicule. De la même manière que l'on rit du seau perché en haut d'une porte qui va tomber sur la personne qui va entrer.

➜ Le déguisement

- Le déguisement est par essence un accessoire du théâtre pour jouer la comédie. Il est utilisé ici comme dans de nombreuses comédies par une sorte de mise en abyme théâtrale : le personnage se déguise pour en jouer un autre. Là encore la complicité avec le spectateur fonctionne : on sait ce que le personnage « victime » ne sait pas.

- Dans *Le Malade imaginaire*, Molière a recours deux fois au déguisement. D'abord, pour permettre à l'amant, Cléante, déguisé en maître de musique, de rencontrer Angélique aux dépens de son père, mais le stratagème fonctionne trop bien et oblige le pauvre Cléante à assister à la première rencontre « amoureuse » entre Thomas et Angélique. Argan ira même jusqu'à l'inviter au mariage !

- Ensuite, c'est au tour de Toinette de se faire passer pour un médecin, dans une scène qui fait basculer la comédie : elle y tourne si bien en ridicule la médecine qu'Argan finit par enfin douter de l'efficacité des médecins et rejette pour la première fois le remède extravagant proposé. Dès lors, Argan acceptera les stratagèmes de Toinette et Béralde, conduisant au dénouement heureux qui démasquera l'hypocrite Béline.

Citations à retenir

« ARGAN : Mandez-le un peu à son maître de musique, afin qu'il se trouve à la noce. »

Le Malade imaginaire, II, 4.

« ARGAN : Me couper un bras, et me crever un œil, afin que l'autre se porte mieux ? J'aime bien mieux qu'il ne se porte pas si bien. »

Le Malade imaginaire, III, 10.

Quiz

1. Que signifie le mot « hypocrite » en grec ancien ?
2. Le spectateur est-il dupe de l'hypocrisie et du déguisement ?
3. Quels personnages se déguisent dans *Le Malade imaginaire* ?

Citations à retenir

« Profitez du printemps / De vos beaux ans, / Aimable jeunesse »

Le Malade imaginaire, second intermède.

« Argan, *courant au bassin* : Attendez. Donnez-moi mon bâton. Je vais revenir tout à l'heure. »

Le Malade imaginaire, I, 3.

E Une « comédie mêlée de musique et de danses »

➜ Le ballet au service de la comédie

• Pour Molière, il s'agit dans une comédie-ballet de faire « une seule chose du ballet et de la comédie » comme il l'a écrit dans l'avertissement des *Fâcheux* (1661). L'idée de ce nouveau genre étant de raconter une même histoire grâce aux comédiens, aux chanteurs et aux danseurs. Molière a la volonté de créer une harmonie entre danse, musique et théâtre. *Le Malade imaginaire* est à ce titre sa « comédie mêlée de musique et de danse » (expression qu'il utilise pour présenter sa pièce) la plus aboutie.

• Il faut noter la grande variété des quatre ballets dont l'objectif est de divertir et de séduire le public pour l'entraîner dans une pièce dont le rythme est exceptionnel. La comédie s'ouvre en effet par un ballet bucolique qui flatte le roi et pose le thème de l'amour. Le premier intermède plonge ensuite le spectateur dans la farce avec une sérénade parodique en italien. L'intermède égyptien amène de l'exotisme et de la sensualité au thème classique du *carpe diem*. Enfin, le ballet d'intronisation porte le coup de grâce à la médecine.

• Ces riches intermèdes sont très coûteux, et après la mort de Molière, Charpentier devra remanier plusieurs fois ses partitions pour des musiques plus sobres avec moins de musiciens. Certains metteurs en scène supprimeront par la suite toutes les parties dansées et chantées à l'exception du ballet final.

➜ Une pièce dynamique

• L'alchimie entre la comédie et la musique passe également par l'écriture de la pièce. Le rythme effréné avec lequel s'enchaînent les scènes, les entrées et sorties des personnages, à l'instar d'Argan qui coupe court aux conversations pour courir aux toilettes, est impressionnant et emporte le spectateur dans un mouvement d'ensemble dont il ne peut et ne veut s'échapper.

- L'écriture elle-même est musicale, la folie du personnage se retrouve dans les échanges comiques qui jouent sur le rythme et sur les sonorités comme dans les répliques presque mécaniques de Purgon qui scande les maladies successives dans lesquelles il va faire tomber Argan « bradypepsie ; dyspepsie ; apepsie ; lienterie ; dysenterie ; hydropisie » (III, 5). C'est un ballet de paroles dont spectateurs et personnages ressortent presque essoufflés.

- Enfin, la musique et le chant investissent aussi le texte théâtral lorsque Cléante et Angélique sont contraints de chanter sur scène un petit opéra pour « divertir la compagnie » (II, 5).

➡ Le ballet final

- Le rythme endiablé va *crescendo*, à l'image de l'entêtement d'Argan dans sa folie. Le ballet final arrive donc en point d'orgue d'une comédie dont la mise en scène ne pourra jamais faire l'économie.

- L'extravagance du ballet contrebalance la gravité du thème du texte (la médecine et la mort), à défaut de soigner Argan, le ballet fait triompher la raison, l'amour et les intérêts familiaux au détriment des médecins et des exploiteurs.

➡ La mise en musique du « latin de cuisine » achève le discours sur le ridicule de la médecine et clôt la pièce sur le vœu que le nouveau médecin puisse désormais « saigner et tuer » à loisir (« *Et seignet et tuat !* »).

Quiz

1. Les quatre ballets sont-ils de même nature ?
2. Comment l'écriture participe-t-elle à la musicalité de la pièce ?
3. En quelle langue le ballet final est-il rédigé ?

« ARGAN : Il me semble parfois que j'ai un voile devant les yeux.
TOINETTE : Le poumon.
ARGAN : J'ai quelquefois des maux de cœur.
TOINETTE : Le poumon. »

Le Malade imaginaire, III, 10.

« *Clysterium donare, / Postea seignare, / Ensuitta purgare* »

Le Malade imaginaire, troisième intermède.

LE PARCOURS
→ Spectacle et comédie

Pour ce parcours, il est vivement recommandé de **lire** et **voir** les pièces qui y sont évoquées.

THÈME 1 **La comédie, lieu de la satire* sociale**

A Situer le thème dans le parcours

→ Dénoncer les travers de la société

● Les intrigues de théâtre naissent dans des **milieux finement observés par les auteurs** : ils décrivent des personnages représentatifs de leur condition sociale ou leur métier. **Les classes sociales dominantes** (bourgeois, médecins, notaires, intellectuels...) sont les premières cibles des **comédies de mœurs**. On y **dénonce** des **hypocrisies**, des **travers** particuliers installés dans certains groupes. C'est une peinture souvent fidèle et grinçante de la société qui met en lumière certains défauts pour que le spectateur au moins les reconnaisse, voire cherche à les corriger.

● Dès lors, la recherche du rire du spectateur n'est pas pur divertissement léger et gratuit, mais **la comédie porte une véritable critique sociale**. Les jeux de mots, les plaisanteries grivoises, les bastonnades et les quiproquos* sont au service d'**un rire qui dénonce et fait réfléchir**. Le spectateur se libère en se moquant de groupes sociaux qui habituellement le dominent, et il finit aussi par reconnaître son propre ridicule.

➜ Des sujets privilégiés de la satire sociale

- La **préciosité*** dans *Les Précieuses ridicules*, de Molière (1659)
- La **bourgeoisie** dans *La Dame de chez Maxim*, de Georges Feydeau (1899)
- Les **hommes d'affaires** dans *Les affaires sont les affaires*, d'Octave Mirbeau (1903)
- Les **médecins** dans *Knock ou le Triomphe de la médecine*, de Jules Romains (1923)
- L'**art contemporain** dans *Art*, de Yasmina Reza (1994)

Quiz

1 Quelles sont les cibles privilégiées des comédies de mœurs ?

2 Quel est le double objectif d'une comédie ?

B Des exemples pour la dissertation

▸ Molière, *Les Précieuses ridicules*, 1659

Dans cette pièce, Molière s'attaque à la vanité très en vogue chez les gens de lettres et les courtisans. La fille et la nièce d'un homme de bon sens, Gorgibus, sont deux pédantes qui ne parlent que dans un style prétentieux. Elles éconduisent avec mépris leurs deux prétendants sous le prétexte qu'ils s'expriment avec trop de simplicité. Ces derniers, pour se venger, envoient chez elles leurs deux valets qui se présentent comme marquis et vicomte. Les cousines sont sous le charme jusqu'à l'intervention des maîtres qui chassent leurs valets à coups de bâton, révélant ainsi la supercherie.

Citations à retenir

« MAGDELON : Vite, voiturez-nous ici les commodités de la conversation. » (sc. 9)

« MASCARILLE : Pour moi, je tiens que hors de Paris, il n'y a point de salut pour les honnêtes gens. » (sc. 9)

« MASCARILLE : Les gens de qualité savent tout sans avoir jamais rien appris. » (sc. 9)

▶ Georges Feydeau, *La Dame de chez Maxim*, 1899

Feydeau, maître du vaudeville* parisien, propose le tableau des mœurs d'une bourgeoisie soucieuse de bienséance, mais aussi en quête de plaisir. Le docteur Petypon se réveille au lendemain d'une soirée trop arrosée avec, dans son lit, « la môme Crevette », danseuse au Moulin-Rouge. Dès lors, mensonges et situations cocasses s'enchaînent pour que le docteur sauve la face. L'action se déplace en Touraine pour une noce où la vulgarité de la Môme fait grand effet sur les dames qui y voient la dernière mode parisienne. Le dénouement sera heureux : les couples se réconcilient et la Môme trouve un protecteur.

Citations à retenir

« Mongicourt : Une opération n'est jamais inutile. Elle peut ne pas profiter à l'opéré… elle profite toujours à l'opérateur. » (I, 2)

« Petypon : Les paroles ne signifient rien ! C'est l'intonation qui fait tout !… […] Et c'est souvent quand on ne dit rien que l'on dit le plus de choses ! » (III, 5)

« Madame Vidauban : Si vous saviez quelle joie c'est pour moi de rencontrer une vraie Parisienne ! Nous en sommes tellement sevrées dans notre province ! » (II, 2)

▶ Octave Mirbeau, *Les affaires sont les affaires*, 1903

Anarchiste, pacifiste, anticlérical… Octave Mirbeau s'attaque avec force au monde des affaires. Le riche parvenu Isidore Lechat reçoit pour un week-end dans son château deux ingénieurs un peu escrocs, qui cherchent un investisseur, et un jeune marquis à qui il veut marier sa fille Germaine. Mais la mort accidentelle de son fils Xavier et la révolte de sa fille Germaine qui s'enfuit avec son amant Lucien mettent à mal ses projets. Néanmoins, comme l'annonce le titre proverbial, malgré l'accablement, Isidore parvient au dénouement à conclure son affaire financière aux dépens des deux ingénieurs.

LE PARCOURS

Citations à retenir

« GERMAINE :
Quand il y a, quelque part, un homme trop riche… il y a, par cela même, autour de lui… des gens trop pauvres… » (I, 1)

« GERMAINE :
Pour nous aimer, avons-nous donc besoin du consentement des autres, de serments publics… de signatures étalées ?… N'ai-je pas appris, ici, tous les jours, de mon père, que les contrats, ce n'est fait que pour qu'on les viole… les serments pour qu'on les renie ? » (II, 5)

« ISIDORE :
Qui a l'argent, a l'opinion…
Et si admirables, si héroïques que soient les hommes, ils ne sont point bons à jeter aux chiens… quand ils n'ont plus le sou… » (III, 2)

▶ Jules Romains, *Knock ou le Triomphe de la médecine*, 1923

À travers la médecine, Jules Romains dénonce dans cette pièce toutes les techniques de manipulation des idéologies commerciales. Le docteur Parpalaid a vendu sa clientèle « nulle » car trop bien portante au docteur Knock. Ce dernier va inverser cette tendance, et après trois mois, tous les habitants se pensent malades et sont devenus de « bons » clients, Parpalaid lui-même finit par se faire hospitaliser par son confrère.

Citations à retenir

« KNOCK :
Les gens bien portants sont des malades qui s'ignorent ! » (I, 1)

« KNOCK :
Ne confondons pas. Est-ce que ça vous chatouille, ou est-ce que ça vous grattouille ? » (II, 1)

« KNOCK : Pour ma part, je ne connais que des gens plus ou moins atteints de maladies plus ou moins nombreuses à évolution plus ou moins rapide. Naturellement, si vous allez leur dire qu'ils se portent bien, ils ne demandent qu'à vous croire. » (II, 3)

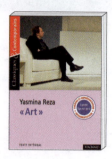

▶ Yasmina Reza, *Art*, 1994

Récompensée par le Molière du meilleur auteur pour sa pièce *Art*, Yasmina Reza y raconte l'histoire de trois hommes très liés, Serge, Yvan et Marc, dont l'amitié est mise à mal à l'occasion de l'achat par Serge d'un tableau monochrome blanc payé très cher. Les disputes esthétiques autour du tableau blanc dégénèrent et font ressortir des rancœurs, des non-dits, des conflits. Finalement, pour sauver leur amitié, les trois amis sacrifient le tableau en dessinant dessus, puis sortent ensemble au restaurant.

Citations à retenir

« MARC : Mon ami Serge a acheté un tableau. C'est une toile d'environ un mètre soixante sur un mètre vingt, peinte en blanc. Le fond est blanc et si on cligne des yeux, on peut apercevoir de fins liserés blancs transversaux. »

« SERGE : On peut dire, je ne vois pas, je ne saisis pas, on ne peut pas dire "c'est une merde". »

« YVAN : Ne me dis pas, calme-toi ! Je n'ai aucune raison de me calmer, si tu veux me rendre fou, dis-moi, calme-toi ! Calme-toi est la pire chose qu'on peut dire à quelqu'un qui a perdu son calme ! »

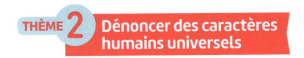

THÈME 2 — Dénoncer des caractères humains universels

A Situer le thème dans le parcours

→ Le monomaniaque, personnage phare de la comédie

- La **comédie de caractère** s'intéresse à **un type humain particulier** en mettant l'accent sur les personnages pour dénoncer des traits, des **comportements ridicules universels**. L'originalité de l'intrigue importe alors moins que les caractéristiques des personnages autour desquels s'installe le comique. La rencontre de personnages aux caractères très contrastés crée un **décalage qui fait naître le rire**.

- Dans ce genre de comédie, **un personnage central est souvent doté d'une manie**, d'une obsession qui l'enferme dans une forme d'égocentrisme et l'**oppose** aux autres personnages tout en le rendant **ridicule**. Sa folie (en grec *mania*) l'aveugle et lui fait perdre le sens commun : il devient **sourd aux propos rationnels des autres personnages** qui tentent de le raisonner, et s'il ouvre les yeux, ce n'est que lors du dénouement quand chacun a pu se jouer de lui.

→ Des personnages emblématiques

- **Harpagon** dans *L'Avare*, de Molière (1668)
- **Valère** dans *Le Joueur*, de Jean-François Regnard (1696)
- **Algernon** dans *L'Importance d'être Constant*, d'Oscar Wilde (1895)
- **Père Ubu** dans *Ubu roi*, d'Alfred Jarry (1896)
- **François Pignon** dans *Le Dîner de cons*, de Francis Veber (1993)

Quiz

1. Sur quoi repose le comique dans une comédie de caractère ?
2. Qu'est-ce qu'un personnage « monomaniaque » ?

B Des exemples pour la dissertation

▶ Molière, *L'Avare*, 1668

Harpagon, l'avare de Molière, n'aime que son argent. Il est obsédé par la crainte d'être volé, y compris par ses propres enfants : Élise et Cléante. Il veut marier la première au riche seigneur Anselme, et il est épris de la jeune Marianne, fiancée de son fils. Il faudra toute l'habileté du valet La Flèche et un coup de théâtre final pour qu'Harpagon consente aux mariages d'amour de ses enfants… à condition de ne pas en supporter les frais.

Citations à retenir

 « LA FLÈCHE : La peste soit de l'avarice et des avaricieux ! » (I, 3)

 « HARPAGON : "De l'argent, de l'argent de l'argent !" Ah ! Ils n'ont que ce mot à la bouche ! "De l'argent !" Toujours parler d'argent ! » (III, 1)

 « HARPAGON : Je me meurs, je suis mort, je suis enterré. » (IV, 7)

▶ Jean-François Regnard, *Le Joueur*, 1696

Dramaturge peu reconnu aujourd'hui et pourtant considéré aux XVIIIe et XIXe siècles comme le digne successeur de Molière, J.-F. Regnard met en scène dans cette comédie en vers Valère, un jeune bourgeois pris par le démon du jeu. Angélique, son amante, n'acceptera de l'épouser que s'il abandonne ce vice. Malgré l'aide de son valet Hector, Valère échoue à dominer sa passion du jeu et Angélique épouse le raisonnable Dorante.

Citations à retenir

 « ANGÉLIQUE : L'or est d'un grand secours pour acheter un cœur ; Ce métal, en amour, est un grand séducteur. » (II, 2)

 « LA COMTESSE : Rien n'est plus à craindre dans la vie, Qu'un époux qui du jeu ressent la tyrannie. » (II, 2)

 « VALÈRE : Il n'est point dans le monde un état plus aimable Que celui d'un joueur : sa vie est agréable ; Ses jours sont enchaînés par des plaisirs nouveaux » (III, 6)

LE PARCOURS

▶ Oscar Wilde, *L'Importance d'être Constant*, 1895

Oscar Wilde s'attaque avec humour aux dandys anglais enfermés dans leurs mensonges. Algernon et Jack se sont inventés chacun un ami et un frère imaginaire qu'ils utilisent pour mener une double vie et échapper à leurs obligations. Ils s'en amusent, jusqu'à ce qu'ils tombent réellement amoureux – symétriquement – de la cousine de l'un et de la pupille de l'autre. Les quiproquos s'enchaînent jusqu'au dénouement final qui voit les deux couples s'embrasser.

Citations à retenir

« ALGERNON : La vérité est rarement pure et jamais simple. Sinon la vie moderne serait profondément ennuyeuse et la littérature moderne tout à fait impossible. »

« ALGERNON : Tu n'as pas l'air de te rendre compte que, dans le mariage, à trois, l'on trompe l'ennui, à deux, c'est l'ennui qui nous trompe. »

« ALGERNON : Toutes les femmes finissent par ressembler à leur mère : voilà leur drame. »

▶ Alfred Jarry, *Ubu roi*, 1896

Inspirateur des surréalistes et du théâtre de l'absurde, Alfred Jarry caricature son professeur de physique de lycée pour créer son personnage du père Ubu : un tyran, influencé par sa femme, qui prend le pouvoir en assassinant Venceslas, le roi de Pologne. Puis, pour enrichir son royaume, Ubu fait tuer les nobles, les magistrats, les financiers et ceux qui l'ont aidé dans son coup d'État. Cependant, Bougrelas, fils de Venceslas, lève une armée et tente de reprendre le trône, forçant le couple Ubu à fuir vers la France.

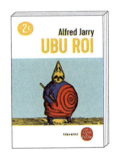

Citations à retenir

« MÈRE UBU : À ta place, ce cul, je voudrais l'installer sur un trône. Tu pourrais augmenter indéfiniment tes richesses, manger fort souvent de l'andouille et rouler carrosse par les rues. » (I, 1)

« PÈRE UBU : J'ai l'honneur de vous annoncer que pour enrichir le royaume je vais faire périr tous les Nobles et prendre leurs biens. » (III, 2)

« PÈRE UBU : « Mais c'est égal, je pars en guerre et je tuerai tout le monde. Gare à qui ne marchera pas droit ! » (III, 8)

UNE ŒUVRE, UN PARCOURS : *Le Malade imaginaire*

▶ **Francis Veber,** *Le Dîner de cons,* **1993**

Réalisateur, scénariste et dramaturge, Francis Veber dans *Le Dîner de cons* crée un duo comique avec deux personnages que tout oppose : Pierre Brochant, éditeur parisien, égoïste, menteur et cynique, et François Pignon, naïf, et fou de maquettes en allumettes. Le premier a invité le second à un « dîner de cons » où les participants se moquent de la bêtise de leur invité. Mais les deux hommes sont bloqués dans l'appartement de Brochant et les quiproquos s'enchaînent à cause des interventions malheureuses de Pignon.

Citations à retenir

« PIERRE : C'est pas un malheureux, c'est un abruti, il n'y a pas de mal à se moquer des abrutis, ils sont là pour ça, non ? »

« PIERRE : J'ai des amis très cons, mais pas à ce point-là. Ceux qu'on sélectionne sont des champions, c'est de la haute compétition. »

« FRANÇOIS : Vous faites peine à voir, on dirait un cheval qu'a raté une haie, on vous abattrait sur un champ de course. »

THÈME 3 **Texte et représentation**

LE PARCOURS

A Situer le thème dans le parcours

➜ La représentation du rire

- Le texte théâtral est écrit pour être joué. Les indications fournies par les auteurs à travers les **didascalies*** **sont plus ou moins nombreuses** : brèves chez Molière, qui était également acteur et metteur en scène de ses propres pièces, elles peuvent devenir aussi importantes que les répliques dans le théâtre de l'absurde du XXe siècle, comme dans *En attendant Godot* de Samuel Beckett (1952). La compréhension et l'interprétation des pièces dépendent des **metteurs en scène** dont les choix esthétiques et dramaturgiques changent le regard du spectateur sur la pièce.

- Dans les comédies, les situations comiques du texte s'appuient sur l'**utilisation de l'espace scénique** : poursuites, personnages cachés, portes, balcons… sont au service du rire. La prise en compte des spectateurs est essentielle, la **double énonciation*** et les **apartés*** permettent d'associer le public aux personnages en le rendant complice des situations.

➜ Des pièces qui questionnent la représentation

- Le **théâtre dans le théâtre** dans *L'Illusion comique*, de Pierre Corneille (1635)
- Les **changements de lieu** dans *Le Voyage de Monsieur Perrichon*, d'Eugène Labiche (1860)
- Les **portes qui claquent** dans *Les Boulingrin*, de Georges Courteline (1898)
- L'**absurde** dans *La Cantatrice chauve*, d'Eugène Ionesco (1950)
- Les **apartés** dans *Oswald et Zénaïde*, de Jean Tardieu (1966)

Quiz

1. Qui oriente l'interprétation d'une pièce de théâtre ?
2. Comment le comique de situation est-il renforcé ?

B Des exemples pour la dissertation

▶ **Pierre Corneille, *L'Illusion comique*, 1635**

Avant de se consacrer entièrement à la tragédie, Corneille publie *L'Illusion comique* qui concentre tous les genres théâtraux et pose la question de l'illusion au théâtre. Primadant cherche son fils Clindor qu'il n'a pas vu depuis dix ans. Il consulte le magicien Alcandre qui va lui montrer, grâce à sa magie, les scènes de la vie de son fils. Dès lors, la pièce prend des allures de tragédie : le fils doit être exécuté pour avoir tué Adraste, le prétendant de son amante Isabelle. Il s'évade grâce à la complicité d'Isabelle et de sa servante. Deux ans plus tard, Clindor est tué par un prince qui veut épouser Isabelle. Effondré, Primadant voit alors se lever un rideau de théâtre et comprend que son fils est devenu comédien et qu'il interprétait un rôle dans une tragédie.

Citations à retenir

« ALCANDRE : Sous une illusion vous pourriez voir sa vie » (I, 2)

« PRIMADANT : Mon fils comédien ! […]
ALCANDRE : Cessez de vous en plaindre. À présent le théâtre / Est en un point si haut que chacun l'idolâtre, / Et ce que votre temps voyait avec mépris / Est aujourd'hui l'amour de tous les bons esprits » (V, 5)

▶ **Eugène Labiche,**
***Le Voyage de Monsieur Perrichon*, 1860**

Eugène Labiche est un maître du vaudeville, dans cette pièce, il quitte le huis clos de l'appartement pour faire voyager la famille de M. Perrichon, un bourgeois ridicule et prétentieux, de la gare de Lyon jusqu'à une auberge de Chamonix, puis retour à Paris. Durant le voyage, deux jeunes hommes, Armand et Daniel, rivalisent d'attention auprès de M. Perrichon pour gagner son affection et la main de sa fille Henriette. C'est finalement Armand qui deviendra le mari d'Henriette face au dévoilement des ruses cyniques de Daniel.

Citations à retenir

« DANIEL :
Je me suis toujours demandé pourquoi les Français, si spirituels chez eux, sont si bêtes en voyage ! » (II, 2)

« PERRICHON :
Sans moi, vous ne seriez qu'une masse informe et repoussante, ensevelie sous les frimas… Vous me devez tout, tout ! (*Avec noblesse.*) Je ne l'oublierai jamais ! » (II, 10)

« DANIEL : Les hommes ne s'attachent point à nous en raison des services que nous leur rendons, mais en raison de ceux qu'ils nous rendent ! » (IV, 8)

▶ Georges Courteline, *Les Boulingrin*, 1898

Ce vaudeville est un modèle des pièces à « portes qui claquent ». Courteline reprend le personnage typique du parasite, déjà présent dans les comédies romaines de Plaute (*Le Parasite*). Des Rillettes, véritable pique-assiette, se fait inviter chez les Boulingrin en espérant y passer l'hiver confortablement. Mais il devient le témoin de leurs incessantes scènes de ménage et ne va pas en sortir indemne.

Citations à retenir

« BOULINGRIN, *hors de lui* : Une trique ! Qu'on m'apporte une trique ! Je veux casser les reins à M. des Rillettes, car la patience a des limites et, à la fin, ceci passe la permission. » (sc. 3)

« DES RILLETTES :
Je vais être ici comme dans un bain de sirop de sucre. » (sc. 1)

« BOULINGRIN :
Une chose surtout me plaît en vous : le parfum de franchise, de droiture, qui émane de votre personne. » (sc. 4)

UNE ŒUVRE, UN PARCOURS : *Le Malade imaginaire*

▶ Eugène Ionesco, *La Cantatrice chauve*, 1950

Eugène Ionesco s'est inspiré des dialogues sans logique de la méthode Assimil pour écrire cette pièce qui est jouée sans interruption depuis 1957 au Théâtre de la Huchette à Paris. Emblématique du théâtre de l'absurde, elle met en scène le couple anglais des Smith qui échangent des propos futiles et incohérents. Les rejoignent leur bonne, le capitaine des pompiers et le couple Martin. Les conversations s'enchaînent sur des sujets insignifiants et la pièce se termine comme elle a commencé, mais avec les Martin occupant la place des Smith.

Citations à retenir

« M. Smith :
Un médecin consciencieux doit mourir avec le malade s'ils ne peuvent pas guérir ensemble. »

« Le pompier :
À propos, et la cantatrice chauve ?
Mme Smith :
Elle se coiffe toujours de la même façon ! »

Didascalies d'ouverture : *Intérieur bourgeois anglais, avec des fauteuils anglais. Soirée anglaise. M. Smith, Anglais, dans son fauteuil et ses pantoufles anglais, fume sa pipe anglaise et lit un journal anglais, près d'un feu anglais.*

▶ Jean Tardieu, *Oswald et Zénaïde*, 1966

Dans cette courte pièce nommée aussi *La Comédie de la comédie* ou *Les Apartés*, le dramaturge et poète Jean Tardieu établit un contraste comique entre la pauvreté des répliques échangées par les personnages et l'abondance des apartés* destinés exclusivement au public. Oswald et Zénaïde, deux jeunes fiancés, s'annoncent mutuellement que leurs familles refusent leur union. Mais les parents observent secrètement la scène pour vérifier la sincérité de leurs sentiments, et le père de Zénaïde intervient pour leur signifier qu'ils peuvent se marier.

Citations à retenir

« Zénaïde, *haut, avec mélancolie* : Cinq heures ! (*À part.*) Mais il fait déjà nuit dans mon cœur !
Oswald, *haut, sur un ton qui veut paraître dégagé* : Eh oui, cinq heures ! (*À part.*) Pour moi, c'est l'aube des condamnés ! »

« Oswald, *haut, avec feu* :
O Primavera ! Gioventù dell'anno !
O Gioventù ! Primavera della vita !
Zénaïde, *à part* : Quel bizarre langage ! Je ne comprends pas ce qu'il dit, mais un accent de mâle gaieté résonne dans ses paroles ! »

THÈME 4 — Femmes de comédie

LE PARCOURS

A Situer le thème dans le parcours

➜ La condition féminine dans la comédie

- L'**égalité entre les sexes** est fréquemment abordée dans les comédies qui mettent en scène des personnages féminins épris de liberté et d'**émancipation du joug masculin**. Les questions du **mariage forcé**, de **l'éducation des filles**, du **pouvoir masculin** deviennent des ressorts de la comédie. Les femmes portent des idées neuves face à des personnages masculins ridicules, voire antipathiques.

- Le registre comique joue aussi sur des **stéréotypes féminins**, parfois caricaturaux, mais qui souvent permettent de critiquer les mœurs et de **remettre en question des conventions sociales dépassées**. La coquette, la prude, la naïve, la femme infidèle, la servante rusée... sont autant de personnages récurrents qui servent la dynamique des comédies par leurs attitudes et leurs langages.

➜ Des figures féminines emblématiques

- **Lysistrata** dans *Lysistrata*, d'Aristophane (411 av. J.-C.)
- **Agnès** dans *L'École des femmes*, de Molière (1662)
- **Mme Sorbin** et **Arthénice** dans *La Colonie*, de Marivaux (1750)
- **Marianne** dans *Les Caprices de Marianne*, d'Alfred de Musset (1833)
- **Alcmène** dans *Amphitryon 38*, de Jean Giraudoux (1929)

À voir
Lysistrata, mise en scène de Raymond Acquaviva, 2011.

Quiz

1. Quels thèmes de la condition féminine sont souvent abordés dans les comédies ?
2. Quels personnages féminins stéréotypés se retrouvent dans de nombreuses comédies ?

UNE ŒUVRE, UN PARCOURS : *Le Malade imaginaire*

B Des exemples pour la dissertation

▶ Aristophane, *Lysistrata*, 411 av. J.-C.

Le maître de la comédie grecque du vᵉ siècle av. J.-C. aborde le sujet de la guerre sous un angle original et dans une langue qui fait la part belle aux grossièretés. Les femmes d'Athènes et de Sparte, lasses de voir leurs maris partir à la guerre, décident, sous l'influence de la jeune, rusée et belle Lysistrata, de se refuser à leurs maris. Elles prennent l'Acropole et obtiennent la paix.

Citations à retenir

« LYSISTRATA : Je ne suis qu'une femme, mais j'ai du bon sens. » (vers 1124)

« LE MAGISTRAT : L'argent est donc la cause de la guerre ? LYSISTRATA : Oui, et de tous les autres désordres survenus. » (vers 499)

« LE CHŒUR DES VIEILLARDS : Il n'est pas d'animal aussi impudent que les femmes. » (vers 369)

▶ Molière, *L'École des femmes*, 1662

Cette pièce intègre le comique de farce (grivoiseries notamment) à une comédie en vers qui pose la question de l'éducation des filles. Arnolphe a 42 ans et a décidé d'épouser sa jeune pupille Agnès. Il l'a tenue enfermée dans un couvent où elle a été élevée dans l'ignorance. Mais Agnès a croisé le jeune Horace et ils sont tombés amoureux dès le premier regard. Arnolphe aura beau tenter d'ordonner à Agnès de l'aimer comme doit le faire une bonne épouse, celle-ci va s'émanciper et se marier avec Horace.

Citations à retenir

« ALAIN : La femme est en effet le potage de l'homme ; Et quand un homme voit d'autres hommes parfois Qui veulent dans sa soupe aller tremper leurs doigts, Il en montre aussitôt une colère extrême. » (II, 3)

« ARNOLPHE : Dans un petit couvent, loin de toute pratique, / Je la fis élever selon ma politique, C'est-à-dire ordonnant quels soins on emploirait, Pour la rendre idiote autant qu'il se pourrait. » (I, 1)

« AGNÈS : Moi-même, j'en ai honte ; et, dans l'âge où je suis, Je ne veux plus passer pour sotte, si je puis. » (V, 4)

▶ Marivaux, *La Colonie*, 1750

Dans cette comédie satirique, Marivaux dénonce deux inégalités de son époque : le clivage hommes / femmes et le clivage noblesse / peuple. L'action se déroule sur une île où les femmes de la noblesse et du tiers état s'associent pour prendre le pouvoir et remettre en question la misogynie des hommes et l'asservissement féminin lié au mariage. Les débats et les propos sont résolument modernes et portent des valeurs féministes, même si le dénouement verra les hommes et les nobles conserver le pouvoir.

Citations à retenir

« UNE FEMME : On nous crie dès le berceau : vous n'êtes capables de rien, ne vous mêlez de rien, vous n'êtes bonnes à rien qu'à être sages. » (sc. 9)

« ARTHÉNICE : Nous voulons nous mêler de tout, être associées à tout, exercer avec vous tous les emplois, ceux de finance, de judicature et d'épée. » (sc. 13)

« MME SORBIN : Gouvernez, gouvernons ; obéissez, obéissons ; partageons le profit et la perte ; soyons maîtres et valets en commun ; faites ceci, ma femme ; faites ceci, mon homme ; voilà comme il faut dire, voilà le moule où il faut jeter les lois. » (sc. 14)

▶ Alfred de Musset, *Les Caprices de Marianne*, 1833

Dans *Les Caprices de Marianne*, Musset, auteur emblématique du romantisme, mêle les genres littéraires de la comédie et du drame romantique. Cœlio veut séduire Marianne, femme du riche et jaloux juge Claudio. Il demande l'aide d'Octave, libertin et bohème, dont Marianne va tomber amoureuse. Elle lui fixe un rendez-vous, mais c'est Cœlio qui s'y présente et il est tué par les gardes de Claudio. Octave, accablé par la mort de son ami, renonce à l'amour de Marianne. Les « caprices » de Marianne sont de ne pas répondre aux injonctions des hommes : pour son amant comme pour son mari, on ne veut pas lui laisser le choix.

Citations à retenir

« MARIANNE : Qu'est-ce après tout qu'une femme ? L'occupation d'un moment, une coupe fragile qui renferme une goutte de rosée, qu'on porte à ses lèvres et qu'on jette par-dessus son épaule. » (II, 1)

« MARIANNE : Si je me rends, que dira-t-on de moi ? N'est-ce pas une femme bien abjecte que celle qui obéit à point nommé ? » (II, 1)

« CLAUDIO : Je vous ménage un châtiment exemplaire, si vous allez contre ma volonté.
MARIANNE : Trouvez bon que j'aille d'après la mienne, et ménagez-moi ce qui vous plaît. Je m'en soucie comme de cela. » (I, 3)

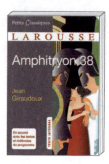

▶ **Jean Giraudoux, *Amphitryon 38*, 1929**

Comme l'avait fait en son temps Molière, Jean Giraudoux revisite de façon moderne et comique le mythe d'Amphitryon. Jupiter veut s'unir avec l'épouse d'Amphitryon, la belle et fidèle Alcmène. Il prend l'apparence de son mari pour passer avec elle une nuit « divine ». Cependant, Alcmène ne reconnaît pas cet amour divin et reste viscéralement attachée à l'amour et aux passions humaines, au point de refuser l'immortalité. Elle fait preuve d'esprit dans ses dialogues avec les dieux et fait découvrir à Jupiter un sentiment nouveau : l'amitié.

Citations à retenir

« JUPITER : Pourquoi ne veux-tu pas d'amant ?
ALCMÈNE : Parce que l'amant est toujours plus près de l'amour que de l'aimée. Parce que je ne supporte ma joie que sans limites, mon plaisir que sans réticence, mon abandon que sans bornes. Parce que je ne veux pas d'esclave et que je ne veux pas de maître. » (I, 6)

« JUPITER : Où suis-je
ALCMÈNE : Où ne se croient jamais les maris au réveil : simplement dans ta maison, dans ton lit, et près de ta femme. » (II, 2)

« ALCMÈNE : Je ne crains pas la mort. C'est l'enjeu de la vie. » (II, 2)

THÈME 5 — La comédie, un lieu de confrontation de valeurs

LE PARCOURS

A Situer le thème dans le parcours

➜ La confrontation, moteur de la comédie

- Les confrontations entraînent **des querelles et des oppositions qui**, parce qu'elles **sont dynamiques**, sont sources de scènes comiques. C'est un véritable **moteur de l'action**. Les conflits opposent les générations, les couples, les sexes, les idées, les classes sociales et nourrissent le texte théâtral en laissant libre cours à la verve comique des auteurs.

- La **confrontation maître-valet** (ou servante) est très représentée dans la comédie. Le rire naît souvent de l'inversion du rapport de domination dans le duo : l'esprit du valet dans ses reparties ou dans ses façons de duper un maître lui confèrent une force comique que le public attend. La comédie permet ainsi, comme le carnaval, d'**inverser les rôles en toute impunité** et de faire naître le rire par une situation en décalage avec la réalité. À partir du XVIIIe siècle, cette confrontation avec le maître porte les idées de contestation contre les privilèges de la noblesse.

➜ Des confrontations emblématiques

- **Maîtres** et **valets** dans *L'Île des esclaves*, de Marivaux (1725)
- **Figaro** et **le Comte** dans *Le Mariage de Figaro*, de Beaumarchais (1778)
- **Idéal** et **compromis** dans *Cyrano de Bergerac*, d'Edmond Rostand (1897)
- **Désiré** et **Odette** dans *Désiré*, de Sacha Guitry (1927)
- **Puntila** et **Matti** dans *Maître Puntila et son valet Matti*, de Bertolt Brecht (1940)

Quiz

1. Pourquoi la confrontation est-elle un moteur de la comédie ?
2. D'où vient le comique dans le duo maître-valet ?

B Des exemples pour la dissertation

▶ Marivaux, *L'Île des esclaves*, 1725

En observateur lucide du monde qui l'entoure, Marivaux est particulièrement attentif à la relation des maîtres et des valets dans la société du XVIIIe siècle. *L'Île des esclaves* raconte l'histoire de deux duos maître-valet (Arlequin et Iphicrate, Cléanthis et Euphrosine) qui échouent sur « l'île des esclaves », gouvernée par Trivelin, un ancien esclave. Ici, la règle est simple : les rôles sont inversés pour corriger les maîtres jusqu'à ce qu'ils comprennent l'humiliation sociale qu'ils font subir à leurs propres valets.

Citations à retenir

« ARLEQUIN : On va te faire esclave à ton tour ; on te dira aussi que cela est juste, et nous verrons ce que tu penseras de cette justice-là. » (I, 1)

« IPHICRATE : Oublie que tu fus mon esclave, et je me ressouviendrai toujours que je ne méritais pas d'être ton maître » (I, 9)

« TRIVELIN : Vous êtes moins nos esclaves que nos malades, et nous ne prenons que trois ans pour vous rendre sains, c'est-à-dire humains, raisonnables et généreux pour toute votre vie. » (I, 2)

▶ Beaumarchais, *Le Mariage de Figaro*, 1778

Beaumarchais, en digne représentant du siècle des Lumières, attaque les institutions de l'Ancien Régime : le clergé, la justice, la censure, les privilèges, le droit de cuissage… Le valet Figaro doit se marier avec Suzanne, la femme de chambre de la Comtesse, mais il apprend que le Comte Almaviva la courtise aussi. Il échafaude des stratagèmes pour l'empêcher de nuire à son mariage. Au cours de cette « folle journée », les domestiques n'hésitent pas à s'opposer aux maîtres et les femmes à revendiquer leurs droits. Finalement, le Comte reconnaît sa défaite et Figaro épouse Suzanne.

Citations à retenir

« LE COMTE : Les domestiques ici… sont plus longs à s'habiller que les maîtres !
FIGARO : C'est qu'ils n'ont point de valets pour les y aider. » (III, 5)

« FIGARO : Qu'avez-vous fait pour tant de biens ? Vous vous êtes donné la peine de naître, et rien de plus. » (V, 3)

Préface : « Pourvu que je ne parle en mes écrits ni de l'autorité, ni du culte, ni de la politique, ni de la morale, ni des gens en place […] je puis tout imprimer librement, sous l'inspection de deux ou trois censeurs. »

▶ **Edmond Rostand, *Cyrano de Bergerac*, 1897**

Cyrano est une comédie héroïque portée par un héros romantique qui a soif d'idéal et refuse tous les compromis. Homme au physique disgracieux, il aime la belle Roxane, qui est amoureuse du séduisant Christian. Il écrit les lettres d'amour qui permettent à Christian d'embrasser Roxane et reste toujours dans son ombre. Et si les sentiments de Roxane pour Cyrano changent à la fin de la pièce, lorsqu'il va mourir, on ne peut pas vraiment y lire un dénouement heureux.

Citations à retenir

« CYRANO : J'ai décidé d'être admirable en tout, pour tout » (I, 5)

« CYRANO : Chercher un protecteur puissant, prendre un patron,
Et comme un lierre obscur qui circonvient un tronc
Et s'en fait un tuteur en lui léchant l'écorce,
Grimper par ruse au lieu de s'élever par force ?
Non, merci. » (II, 8)

« CYRANO : Ah ! Je vous reconnais, tous mes vieux ennemis !
Le Mensonge ? (*Il frappe de son épée le vide.*)
Tiens, tiens ! – Ha ! ha ! les Compromis, Les Préjugés, les Lâchetés ! » (V, 6)

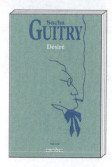

▶ Sacha Guitry, *Désiré*, 1927

Auteur, et souvent acteur et metteur en scène, de plus de 120 pièces de théâtre, Sacha Guitry raconte ici les aventures de Désiré, un valet de chambre qui partage souvent celle de ses « maîtresses », aux deux sens du terme : patronne et amante. Contrainte de choisir à la hâte un valet pour un week-end à Deauville, Odette Cléry, riche bourgeoise, engage Désiré qu'elle considère plus comme une fonction que comme un homme. Mais elle tombe rapidement sous le charme de ce valet stylé et en fait même des rêves érotiques bruyants. Au dénouement, Désiré décide de quitter sa « maîtresse », qui ne l'aura jamais été.

Citations à retenir

« DÉSIRÉ : Servir, [...] c'est quelque chose de merveilleux. C'est avoir le droit d'être sans volonté... »

« DÉSIRÉ : Oh ! je connais la phrase "Un valet de chambre n'est pas un homme." Ben, elle a vu !... »

« ODETTE : Je n'ai jamais pensé à le considérer comme un homme. »

▶ Bertolt Brecht, *Maître Puntila et son valet Matti*, 1940

Exilé en Finlande pour fuir le nazisme, Bertolt Brecht y écrit cette pièce qui traite de la lutte des classes avec humour dans le décor original de la Finlande rurale. Puntila, riche propriétaire terrien, a une double personnalité : odieux et sévère lorsqu'il est sobre, il devient humain et sympathique quand il a bu. Son chauffeur Matti, un valet intelligent à l'esprit libre, lui tient tête en toute franchise, quel que soit son état. Mais fatigué de ses sautes d'humeur, il finit par le quitter.

Citations à retenir

« PUNTILA : Tu es un homme ? Avant tu as dit que tu étais un chauffeur. Je t'ai surpris en pleine contradiction, hein ! Avoue-le ! »

« MATTI : Il est temps que tes valets te tournent le dos. Un bon maître, ils en auront un, dès que chacun sera le sien. »

« MATTI : Ces accès de sobriété vous prennent-ils régulièrement ?
PUNTILA : Régulièrement. Ça se passe comme ça : tout le reste du temps, je suis parfaitement normal. »

Méthode — Objectif BAC

Apprendre et réviser

1. **Les types de mémoire** *Testez-vous !* 62
2. **Astuces pour mieux apprendre** 64
3. **Organiser ses révisions** 70
4. **Construire son planning** 71

La dissertation

1. **La dissertation en un coup d'œil** 73
2. **Réussir sa dissertation : méthode pas à pas**

   SUJET 1
   - **A.** Analyser le sujet 74
   - **B.** Questionner le sujet et trouver la problématique ... 75
   - **C.** Chercher des arguments et des exemples 76
   - **D.** Bâtir un plan 79
   - **E.** Rédiger sa dissertation 81

   SUJET 2 86
   SUJET 3 89

L'oral

1. **Méthodologie pour lire à voix haute** 93
2. **L'explication linéaire** 96
   - Explication linéaire 1 96
   - Explication linéaire 2 100
   - Explication linéaire 3 104
3. **L'entretien avec l'examinateur** 109

Apprendre et réviser

1. Les types de mémoire

Testez-vous pour connaître votre type de mémoire

Les types de mémoire

▶ Chacun a une mémoire qui tend à être plus **visuelle** (retenir ce qu'on voit), **auditive** (retenir ce qu'on entend) ou **kinesthésique** (retenir ce qu'on ressent).

▶ Ces trois types de mémoire ne sont pas exhaustifs, ni exclusifs : on possède au moins un type de mémoire principal et un type secondaire.

Vous mémorisez mieux :
a. Les récits des cours d'histoire ou de français.
b. Les schémas de géographie, les formules de maths.
c. Votre propre prise de notes.

Votre astuce pour mémoriser vos cours :
a. Vous relisez votre cours à voix haute, comme si vous le récitiez à quelqu'un.
b. Vous relisez vos notes et vos fiches.
c. Vous demandez à quelqu'un de vous interroger.

Votre attitude au travail :
a. Facilement déconcentré.e par les bruits autour de vous.
b. Très concentré.e sur les cours et les exercices à faire, dans votre « bulle ».
c. En mouvement, vous relisez vos cours en marchant.

Votre entourage de travail :
a. Un parent, un ami, quelqu'un qui vous aide et vous motive.
b. Uniquement les cours, rien qui vous déconcentre.
c. Un peu de musique ou la télévision allumée en fond sonore.

Ce qui vous gêne en classe :

a. Les professeurs que l'on entend mal ou que l'on a du mal à comprendre. Impossible pour vous de vous concentrer et de retenir le cours.
b. Être loin du tableau, ou les professeurs qui n'écrivent rien au tableau : vous avez besoin de lire pour comprendre.
c. Devoir rester assis.e toute la journée, ne pas pouvoir être dans une position plus confortable pour l'écoute et la concentration.

Pour vous, la compréhension et l'apprentissage s'effectuent principalement :

en écoutant le cours
▼
mémoire auditive

en relisant le cours
▼
mémoire visuelle

en bougeant, en marchant, en manipulant
▼
mémoire kinesthésique

Résultats du test

→ **Vous avez une majorité de a :** vous avez une mémoire auditive

• Vous retenez mieux ce que l'on vous raconte que ce que vous lisez. Vous avez besoin de vous entendre redire les cours pour mieux vous en souvenir, de relire vos fiches à voix haute, de répéter.

→ **Vous avez une majorité de b :** vous avez une mémoire visuelle

• Vous retenez mieux ce que vous lisez, les schémas, votre prise de notes, les mots-clés écrits au tableau ou sur vos fiches. Vous avez besoin d'organiser vos cours et vos fiches de manière aérée, visuelle : titres, sous-titres, mots soulignés, surlignés… Cela vous aide à comprendre les idées et à les retenir.

→ **Vous avez une majorité de c :** vous avez une mémoire kinesthésique

• Vous avez besoin de vous approprier les notions par tout le corps ! Vous devez bouger, entendre, voir pour bien retenir les choses. Vous pouvez apprendre en faisant les cent pas, en jouant avec votre stylo, en mettant vos cours en chansons…

Apprendre et réviser

2. Astuces pour mieux apprendre

A Tenir compte de son type de mémoire

Mémoire visuelle

- Pour apprendre, faites des dessins, des schémas, et associez des images à la notion que vous êtes en train de réviser ; vous pouvez par exemple utiliser des cartes heuristiques (cartes mentales) pour vos révisions (voir p. 67).

- Réécrivez les parties du cours qui vous paraissent importantes, et rendez vos fiches de cours agréables à regarder, claires et précises. Surlignez, allez à la ligne régulièrement, faites des listes à puces… Bref, rendez vos cours « visuels » !

Mémoire auditive

- Soyez très attentif.ve en cours car c'est là que vous apprendrez la plus grande partie de vos leçons.

- N'hésitez pas à réviser vos cours avec un.e camarade, ou un adulte, à discuter des notions, à vous faire poser des questions à l'oral.

- Récitez votre cours à voix haute pour en faciliter la mémorisation.

Mémoire kinesthésique

- Essayez de faire des liens entre ce que vous apprenez et vos propres expériences.

- Apprenez en marchant, en bougeant les bras. Ne restez pas statique.

- Valorisez en particulier le sens du toucher. Lorsque vous révisez, vous pouvez manipuler des objets (gomme, crayon, balle anti-stress…) et lorsque vous reprendrez à nouveau ces objets, les notions de cours vous reviendront en tête.

Astuces kinesthésiques

▸ Manipulez vos livres, vos manuels, utilisez des post-it…

▸ Faites des fiches comportant les éléments essentiels, découpez-les, et réorganisez-les de manière à construire une progression logique dans le cours.

▸ Fabriquez des jeux : jeu des 7 familles pour les mouvements littéraires, pour les personnages de la pièce par exemple.

▸ Favorisez les flash-cards (voir p. 66).

B Faire des fiches

Ne retenir que l'essentiel

• Une bonne fiche de révision est celle qui vous propose l'essentiel de votre cours. Vous devez donc distinguer une notion précise que vous devez retenir, ou des éléments pertinents (des dates, des définitions, une liste d'auteurs et de leurs œuvres…).

Pour être efficace, retenez cette formule :

> une fiche de révision = un sujet

• Lorsque vous construisez vos fiches de révision, il est souvent plus intéressant d'envisager une autre structure que celle du cours pour que la lecture du cours et la révision des fiches soient complémentaires.

Construire une fiche de révision

Le plus important dans une fiche de révision est sa clarté. Vous devez immédiatement comprendre de quoi il s'agit, et le retenir facilement ! Votre fiche doit compiler des notions essentielles et vous permettre de vous les remémorer rapidement. Pour cela :
• numérotez vos fiches et notez le titre de la fiche de manière claire et colorée, une couleur par rubrique et par niveau de titres ;
• dans le corps de la fiche, évitez de rédiger des phrases complètes, voire des paragraphes entiers. Soyez le plus synthétique possible, utilisez les listes à tirets, à points ou à numéros.

Des exemples de titres de fiche

Fiche 1 / Histoire / Louis XIV et la cour
Fiche 2 / Histoire littéraire / Molière
Fiche 3 / Histoire littéraire / Le classicisme
Fiche 4 / Le Malade imaginaire / Personnages
Fiche 5 / Le Malade imaginaire / Résumé des actes
Fiche 6 / Théâtre / Les formes de comique
Fiche 7 / Théâtre / La comédie

Apprendre et réviser

Avantage des flash-cards

▶ Faciles à transporter, vous pouvez réviser **quand** et **où** vous voulez.

▶ Vous pouvez **réviser à plusieurs** (mélangez les cartes de chacun et tentez de répondre aux questions de tous…).

▶ Vous pouvez vous **tester régulièrement**.

C Les cartes flash (flash-cards)

Le principe des flash-cards est très simple : prenez une fiche bristol, notez **une information sur le verso** et **une information sur le recto**. Les flash-cards s'adaptent à tous les types de mémoire. Leur but est de réactiver facilement et régulièrement le lien entre deux informations :
- un personnage et son rôle dans l'histoire ou son caractère ;
- un écrivain et son mouvement littéraire ;
- une œuvre et sa date…

☑ **Mémoire auditive**
(lire la fiche à voix haute plusieurs fois)

Recto de la fiche   *Verso*

Argan

- Personnage principal
- Hypocondriaque (malade imaginaire)
- Père d'Angélique
- Riche bourgeois, personnage type de la comédie : père autoritaire, borné et ridicule
- Soumis aux médecins et à sa femme Béline

☑ **Mémoire visuelle**

Recto de la fiche   *Verso*

Molière

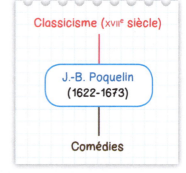

Classicisme (XVIIᵉ siècle)

J.-B. Poquelin
(1622-1673)

Comédies

D Les cartes mentales

Les cartes mentales permettent de visualiser en un coup d'œil les éléments essentiels d'une notion, et les liens qu'ils entretiennent entre eux. Elles se lisent dans le sens des aiguilles d'une montre. Vous pouvez les réaliser à la main ou sur des sites internet gratuits, qui permettent une création rapide et facile.

Pour que votre carte soit claire et compréhensible, certains éléments sont indispensables :
- placez au centre le thème principal, éventuellement illustré par une image ;
- n'utilisez qu'un ou deux mots-clés par nœud ;
- chaque notion rattachée au thème principal irradie du centre, sous forme de branche colorée ;
- utilisez des couleurs ;
- vous pouvez hiérarchiser les idées en les écrivant en plus ou moins gros, dans un cadre plus ou moins épais.

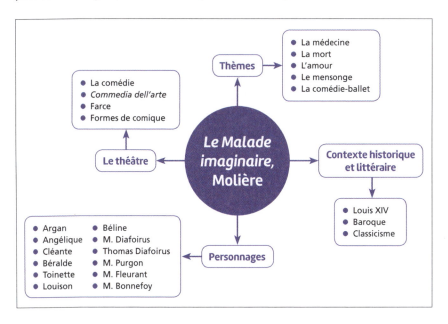

Apprendre et réviser

E Les nuages de mots

Pour réaliser un nuage de mots, vous pouvez vous rendre sur un site internet spécialisé (ils sont nombreux et généralement gratuits).

● Sélectionnez en premier lieu les termes que vous souhaitez retenir et qui permettent de définir simplement les grandes idées de l'œuvre ou de caractériser un personnage.

● Sur le site, saisissez les mots sélectionnés, choisissez les critères de mise en forme (police de caractères, couleurs, orientation du texte, etc.).

● Votre nuage est créé ! Vous pouvez généralement le télécharger et l'imprimer.

Vous pouvez créer un nuage de mots pour l'œuvre dans sa globalité, un autre pour les personnages, un autre encore pour l'auteur…

Nuage de mots sur l'œuvre

Nuage de mots sur le personnage d'Argan

F Les abécédaires

Cette manière originale de présenter une œuvre peut vous aider à vous remémorer l'essentiel en vous récitant simplement l'alphabet ! Vous pouvez n'utiliser que certaines lettres.

Le Malade imaginaire
Abécédaire

- **A**rgan
- **B**éline
- **C**omédie-ballet
- **D**iafoirus
- **É**gyptiens
- **F**arce
- **H**ypocondriaque
- **I**ntermèdes
- **L**atin
- **M**édecine
- **P**urges
- **Q**uiproquos
- **R**oi-Soleil
- **S**pectacle
- **T**oinette
- **V**érité

G Les exempliers

- Un exemplier est une **liste d'exemples** destinés à mieux faire comprendre ou à retenir une notion.
- Il peut s'agir de citations, de mots, de noms…
- Un exemplier peut être très utile pour retenir des citations par thème et s'en servir dans la dissertation sur œuvre ! Voici une proposition d'exemplier sur le thème de la médecine, tiré du *Malade imaginaire*.

Médecine

1. « ARGAN : Je veux me faire un gendre et des alliés médecins. » (I, 5)
2. « TOINETTE : Il marche, dort, mange, et boit tout comme les autres ; mais cela n'empêche pas qu'il ne soit fort malade. » (II, 2)
3. « BERALDE : Je ne vois rien de plus ridicule qu'un homme qui veut se mêler d'en guérir un autre. » (III, 3)
4. « TOINETTE : La barbe fait plus de la moitié d'un médecin. » (III, 14)

Apprendre et réviser

3. Organiser ses révisions

A Faire un « rétro-planning »
De combien de temps disposez-vous ?

Pour bien s'organiser, il faut connaître les échéances : quelles sont les dates des évaluations, des bacs blancs, des épreuves de bac, des examens ? Vous pouvez les noter sur un calendrier pour visualiser leur enchaînement, les périodes « chaudes », et pour compter le nombre de jours ou de semaines qui précèdent chaque épreuve.

B Connaître ses priorités
Sur quelles notions mettre l'accent ?

- **Commencez par identifier les cours que vous avez à réviser** : s'agit-il des textes pour l'oral, de citations à apprendre par cœur, de cours de méthodologie pour la dissertation, pour le commentaire ? Faut-il faire des fiches, ou les apprendre, les réviser ?

- **Établissez vos priorités** : surtout, pas d'impasses, il faut tout réviser ! et on n'écoute pas les « ouï-dire » qui affirment que tel objet d'étude va « tomber » pour l'interrogation ou le jour du bac. On ne peut pas savoir. Mais dans votre planning de révisions, commencez par ce qui vous demandera le plus d'implication, le plus de temps, et gardez pour la fin les tâches dans lesquelles vous êtes plus à l'aise.

- **Reprenez vos interrogations et bulletins précédents** : sur quels points votre professeur vous a-t-il demandé de vous améliorer ? S'agit-il du style, de la qualité de l'argumentation, de votre maîtrise de la méthode, de vos connaissances notionnelles ?

C Connaître son type de mémoire
→ **Reportez-vous aux pages 62-63 pour connaître votre type de mémoire et ainsi savoir ce qui vous convient le mieux pour apprendre.**

4 Construire son planning

A Bien s'organiser

Comment construire un planning de travail ?

- **Ménagez des plages de travail suffisamment longues** pour avoir le temps de vous concentrer sur une tâche, mais pas trop longues non plus pour ne pas perdre haleine. Une plage de **1 h 30 à 2 heures** paraît un bon compromis.
- **Prévoyez de travailler le matin** les matières demandant le plus de concentration (le travail sur les lectures linéaires ou la reprise des dissertations). Prévoyez un moment de révisions en **fin de journée**.
- **Gardez une plage horaire vide de deux heures** en milieu de semaine ; cela vous permettra de récupérer le retard le cas échéant, ou de faire complètement autre chose si vous avez bien avancé les jours précédents !
- **Pensez à varier le type d'activités** dans une même journée : travail oral + écrit + fiches + apprentissage par cœur…
- **À la fin de chaque journée,** vérifiez que vous avez rempli vos objectifs !

B Préparer son espace de travail

Où et comment travailler ?

- **Choisissez un endroit où vous allez travailler durant toute la période de révisions :** votre bureau, la bibliothèque, la table du salon… Le lieu doit être au calme et suffisamment spacieux pour pouvoir disposer toutes vos affaires, tous vos livres au même endroit sans avoir à faire des allers-retours.
- **Ménagez-vous des moments de détente :** pauses de 15 minutes le matin et l'après-midi, temps de détente après le déjeuner pour s'aérer un peu l'esprit.
- **Éteignez votre téléphone portable**, ou passez-le en mode silencieux. C'est vraiment important pour être sûr.e de rester concentré.e.

La dissertation

➜ **Pour le Bac, la dissertation porte sur une œuvre intégrale étudiée durant l'année et sur le parcours associé qui l'accompagne.**

La dissertation au Bac

- La **dissertation** est l'une des épreuves écrites proposées au baccalauréat, en concurrence avec le **commentaire de texte** (toutes filières) ou la contraction de texte suivie d'un essai (uniquement pour la littérature d'idées en filières technologiques).

- Les élèves disposent de **4 heures** pour la rédiger. Ce travail d'écriture peut parfois inquiéter les candidats, et pourtant, c'est une épreuve rassurante que l'on peut très bien préparer en amont.

- Pour réussir sa dissertation, il faut bien connaître la **méthodologie** de l'épreuve, et maîtriser parfaitement les œuvres intégrales étudiées durant l'année (sur lesquelles vous aurez constitué de nombreuses fiches durant vos révisions).

Objectifs de l'épreuve

On vous demande de :

1. répondre à la question que pose le sujet ;

2. trouver une problématique permettant d'élargir la réflexion portée par le sujet ;

3. construire une argumentation élaborée en deux ou trois grandes parties autour de cette problématique ;

4. savoir utiliser vos connaissances et votre interprétation de l'œuvre sur laquelle porte la dissertation, ainsi que des textes appartenant au parcours associé ;

5. utiliser un vocabulaire soutenu, une syntaxe claire, une orthographe rigoureuse.

La dissertation
Qu'est-ce que c'est ?

« Discours ou écrit où sont développés, de façon ordonnée, des arguments sur un sujet, un thème, ou une question scientifique. »

« Dans les classes terminales du second cycle des lycées et dans les universités : exercice écrit, que l'on donne aux élèves ou aux étudiants, qui consiste dans la discussion argumentée d'un sujet donné. »

Quiz

❶ Sur quoi peut porter la dissertation le jour du Bac ?

❷ Combien de parties une dissertation doit-elle comporter au minimum ?

1 La dissertation en un coup d'œil

- Accroche
- Reprise du sujet
- Discussion du sujet
- Problématique
- Annonce du plan

Une introduction rédigée en un seul paragraphe, qui reprend les éléments suivants

[alinéa 1] Annonce de l'axe de la grande partie et des sous-parties.
[alinéa 2] Premier argument, développé en s'appuyant sur des exemples interprétés.
[alinéa 3] Deuxième argument, développé en s'appuyant sur des exemples interprétés.
[alinéa 4] Troisième argument, développé en s'appuyant sur des exemples interprétés.
[alinéa 5] Bilan de la partie et transition vers la partie suivante.

Deux ou trois grandes parties qui sont toutes construites sur le même modèle

On ne saute pas de ligne au sein d'une même partie, mais on saute des lignes entre chaque grande partie !

- Bilan et réponse à la problématique
- Ouverture

Une conclusion rédigée en un seul paragraphe, qui reprend les éléments suivants

UNE ŒUVRE, UN PARCOURS : *Le Malade imaginaire*

La dissertation

2 Réussir sa dissertation : méthode pas à pas

SUJET 1 → Molière affirme dans son avis « Au lecteur » de *L'Amour médecin* (1665) : « On sait bien que les comédies ne sont faites que pour être jouées. » Partagez-vous cet avis ? Vous répondrez sous forme d'un devoir organisé en vous appuyant sur l'œuvre *Le Malade imaginaire* de Molière, mais aussi en exploitant le parcours associé et votre expérience de lecteur et de spectateur.

A Analyser le sujet

1re ÉTAPE Travailler sur les mots-clés du sujet

> **1re étape**
> Trouver des synonymes et des antonymes (//) aux mots-clés

Comédies : rire ; formes de comique // tragédies.
Jouées : représentées ; interprétées ; vues // lues ; imaginées.
Expérience de lecteur : références à d'autres comédies lues.
Expérience de spectateur : références à des comédies vues.

2e ÉTAPE Analyser le sujet

Il faut étudier le sens des termes principaux, mais aussi les liens qui unissent les termes entre eux. Les consignes (deuxième partie du sujet), sont toujours formulées de manière à peu près identiques, mais peuvent aussi donner des indications précieuses. Pour chaque point important, essayer de se poser des questions qui permettront de nourrir la réflexion autour du sujet :

- « On sait bien » : qui est désigné par le pronom « on » ? Lecteur ? Spectateur ? À l'époque de Molière ? Aujourd'hui ?
- Le terme « comédies » renvoie au rire, aux différentes formes de comique, à un genre spécifique qui soulève un certain nombre de questions : comment le rire naît-il ? Quels sont les différents types de comédie ?
- La négation « ne… que » qui annonce le participe « jouées » soulève la question de l'exclusivité de la représentation et du spectacle. La représentation d'une pièce permet-elle d'enrichir sa compréhension ?
- La consigne fait appel au candidat en tant que lecteur mais aussi spectateur, ce qui oriente vers une discussion du propos de Molière.

B Questionner le sujet et trouver la problématique

3ᵉ ÉTAPE Questionner le sujet pour mettre au jour l'implicite

Le travail autour des synonymes et des antonymes permet de bien analyser le problème posé par le sujet, et de chercher à comprendre quelle réflexion se cache derrière le sujet ; quelle question le sujet pose-t-il réellement ? Pour trouver la problématique, on va chercher à comprendre ce que dit le sujet, et ce qu'il ne dit pas.

Ce que dit le sujet
- Une comédie est faite pour être jouée.
- Le spectacle compte plus que le texte théâtral.
- Le lecteur n'a qu'une « vision » partielle d'une comédie.

Ce que ne dit pas le sujet
- Une comédie peut être simplement lue.
- Le texte théâtral est lui-même porteur de sens.
- La lecture apporte une autre compréhension de la comédie.

3ᵉ étape
- **L'explicite** du sujet
- **L'implicite** du sujet

La dissertation

Formulation de la problématique

- Sujet → On peut se demander si, comme l'écrit Molière, « les comédies ne sont faites que pour être jouées »
- Problématique → ou si, indépendamment du jeu, elles peuvent être comprises et appréciées en étant simplement lues.

C Chercher des arguments et des exemples

4ᵉ ÉTAPE Répondre aux questions posées par la problématique et chercher des exemples

Arguments en faveur du sujet

- Exemples dans *Le Malade imaginaire* →
• Le comique est servi par le jeu, la représentation d'une pièce. Ils permettent de mieux comprendre et apprécier le comique de gestes. Le rire est spontané et immédiat, indépendamment de la compréhension des répliques ou de la pièce (premier intermède avec Polichinelle, typique de la farce et de la *Commedia dell'arte*).
Les situations comiques et le caractère ridicule des personnages prennent tout leur sens lorsqu'ils sont incarnés par les acteurs (scène d'affrontement entre Monsieur Purgon et Argan qui n'a pas pris son clystère). Les déguisements, les accessoires ou les apparences des personnages permettent d'affirmer leur personnalité ou d'en créer une nouvelle fictive (Cléante devient maître de musique en endossant l'habit).

- Exemples dans d'autres œuvres →
→ Monsieur des Rillettes (Georges Courteline, *Les Boulingrin*) ; François Pignon (Francis Veber, *Le Dîner de cons*) ; Père Ubu (Alfred Jarry, *Ubu roi*).

• Le metteur en scène est libre d'opter pour des mise en scène qui vont influencer l'interprétation de la pièce par le spectateur et parfois actualiser le propos (*Le Malade imaginaire* mis

en scène par Gildas Bourdet en 2003 : accentuation de la caricature avec les faux-nez, décor très coloré en opposition avec le thème de la maladie).
➜ *Lysistrata* mise en scène par Raymond Acquaviva, 2011 (Aristophane, *Lysistrata*).

• La comédie est un art vivant qui s'adresse à tous les sens : décors, costumes et accessoires créent une atmosphère que seul le spectateur peut apprécier, il ressent avant même de comprendre (ballets dans *Le Malade imaginaire*). Le spectateur participe à un spectacle qui est réinterprété chaque jour, c'est une expérience collective qui crée du lien non seulement entre les spectateurs mais aussi entre les spectateurs et les acteurs (Louison qui contrefait la morte). Le spectateur est omniscient, il en sait plus que les personnages eux-mêmes, il a donc une position privilégiée qui favorise les effets comiques (Toinette qui revêt l'habit de médecin est capable de soigner aussi bien, ou aussi mal, qu'un Diafoirus ou un Purgon).
➜ Les représentations quotidiennes (Eugène Ionesco, *La Cantatrice chauve*) ; les quiproquos (Georges Feydeau, *La Dame de chez Maxim*).

Arguments discutant le sujet

• Le texte théâtral avec l'alternance des répliques et des didascalies permet une compréhension fine du sens et de la dynamique de la comédie : les décors, les mouvements, les intonations sont clairement explicités. De plus, il est aisé pour le lecteur d'imaginer les caractéristiques physiques et morales des personnages (présentation de Thomas Diafoirus par son père (II, 5)).
➜ Didascalies d'ouverture (Eugène Ionesco, *La Cantatrice chauve*).

- La lecture offre un espace de liberté au lecteur : il peut fragmenter sa lecture, revenir en arrière, comparer avec d'autres textes... L'auteur, par son art, lui offre les clés qui lui permettent de comprendre la pièce. C'est donc l'association des deux, travail de l'auteur et liberté du lecteur, qui révèle toute la richesse d'un texte (première scène entre Toinette et Angélique (I, 4) qui permet de dresser le portrait de Cléante et de préparer le quiproquo de la scène suivante). Le lecteur se représente les personnages librement, selon son interprétation personnelle (évaluer le degré d'hypocrisie de Béline d'après ses répliques).
→ Retours en arrière (Pierre Corneille, *L'Illusion comique*) ; sarcasmes d'Arlequin (Marivaux, *L'Île des esclaves*).

- Une participation active est demandée au lecteur, il peut devenir tout à la fois comédien, metteur en scène et spectateur. Il fait l'effort d'imaginer les scènes et donne le sens qu'il souhaite à la comédie en prenant le temps d'interpréter le texte qu'il a sous les yeux (discours de Toinette (I, 5) et d'Angélique (II, 6) contre le mariage forcé). Il prend le temps de l'analyse et de la compréhension des subtilités du texte, de ses sous-entendus, des jeux de mots.
→ Esprit libre de Marianne (Alfred de Musset, *Les Caprices de Marianne*) ; jeux de mots : (Eugène Labiche, *Le Voyage de Monsieur Perrichon* : « Que l'homme est petit quand on le contemple du haut de la mère de Glace ! » (II, 7)).

Objectif BAC

D Bâtir un plan

5ᵉ ÉTAPE Trouver la structure du plan

La question posée par ce sujet est une **question fermée** (on répond par *oui* ou par *non*). Il faut donc, dans une première partie, aller dans le sens de ce que dit le sujet (I. *Oui*), puis discuter le sujet dans une deuxième partie (II. *Cependant*). La troisième partie permet d'élargir la réflexion (elle peut poser une question qui commence par *mais* ou *d'ailleurs*).

> I. **Certes**, les comédies sont faites avant tout pour être jouées, car le spectacle offre une interprétation qui permet de mieux comprendre un texte, voire de lui donner une nouvelle dimension.
> II. **Cependant**, l'auteur de la comédie offre toutes les informations qui permettent d'en apprécier le potentiel comique, et la lecture garantit en plus une grande liberté qui apporte une compréhension plus fine du texte.
> III. **Mais** la compréhension d'un texte comique n'est rien si l'on ne peut goûter au plaisir de sa représentation.

6ᵉ ÉTAPE Rédiger le plan détaillé

Le plan doit être équilibré ; cet équilibre prouve que vous pouvez organiser une pensée construite et trouver suffisamment d'arguments pour développer vos idées. En fonction du sujet et de votre réflexion, vous pouvez adopter différentes structures de plan :
- 2 grandes parties composées de 3 sous-parties ;
- 3 grandes parties composées de 2 sous-parties ;
- 3 grandes parties composées de 3 sous-parties.

La dissertation

UNE ŒUVRE, UN PARCOURS : *Le Malade imaginaire*

La dissertation

Exemple de plan détaillé pour le sujet 1 :

I. Certes, les comédies sont faites avant tout pour être jouées, car le spectacle offre une interprétation qui permet de mieux comprendre un texte, voire de lui donner une nouvelle dimension.

   1. La représentation permet de mieux comprendre, de découvrir des aspects que l'on ne saisit pas à la lecture.

   2. La force comique des situations et des dialogues est révélée par le jeu.

   3. Les choix de mise en scène ouvrent de nouvelles perspectives d'interprétation.

II. Cependant, l'auteur de la comédie offre toutes les informations qui permettent d'en apprécier le potentiel comique, et la lecture garantit en plus une grande liberté qui apporte une compréhension plus fine du texte.

   1. Le texte théâtral (dialogue et didascalies) permet à la fois de comprendre l'intrigue mais aussi d'imaginer les décors, les personnages et les situations.

   2. Le lecteur jouit d'une grande liberté pour s'approprier le texte.

   3. Le lecteur est acteur de sa compréhension du texte, il lui donne sens en imaginant sa propre mise en scène.

III. Mais la compréhension d'un texte comique n'est rien si l'on ne peut goûter au plaisir de sa représentation.

   1. La comédie est un art vivant qui se vit avant de se penser.

   2. Être spectateur, c'est participer à une expérience collective.

   3. La position privilégiée d'un spectateur est génératrice d'émotion et de réflexion.

E Rédiger sa dissertation

7ᵉ ÉTAPE Rédiger l'introduction

L'introduction se rédige en un seul paragraphe ; elle commence par un alinéa. Utilisez des **connecteurs** pour passer d'une étape à l'autre et montrer le cheminement de votre réflexion !

On peut « aller au théâtre », « jouer du théâtre » ou « lire du théâtre », le mot lui-même contient déjà l'idée d'une dualité entre la scène et le texte. **Ainsi**, Molière prévenait-il ses lecteurs de *L'Amour médecin* en 1665 : « On sait bien que les comédies ne sont faites que pour être jouées. » Il sous-entendait que le texte théâtral seul ne suffisait pas et que le lecteur devait fournir un effort pour « voir » la pièce en la lisant. Il soulevait **alors** la question de la lecture d'un texte théâtral : celle-ci est-elle suffisante pour comprendre et apprécier une comédie ? **En premier lieu**, nous montrerons que les comédies, à l'image du *Malade imaginaire*, sont faites avant tout pour être jouées, car le spectacle offre une interprétation qui permet de comprendre le texte. **Dans un deuxième temps**, nous analyserons tout l'intérêt de la lecture du texte théâtral qui apporte une compréhension plus fine des comédies. **Enfin**, nous verrons que les représentations procurent du plaisir aux spectateurs et leur permettent donc de mieux apprécier les comédies.

- Accroche
- Sujet
- Reformulation et discussion du sujet
- Problématique
- Annonce du plan

La dissertation

La dissertation

8ᵉ ÉTAPE **Rédiger le corps du devoir**

Rédiger le corps de la dissertation vous demandera simplement de procéder méthodiquement, pas à pas, en annonçant les idées que vous allez développer, en les agrémentant de citations et en soignant les transitions (là encore, utilisez des connecteurs).

- **Annonce de la grande partie** → Par son étymologie grecque, *theastai* qui signifie « regarder, contempler », comme par son histoire, le théâtre est avant tout conçu comme un spectacle.
- **Annonce de la première sous-partie** → Nous étudierons d'abord comment la représentation d'une comédie permet de mieux la comprendre.
- **Annonce de la deuxième sous-partie** → Puis, nous montrerons que la force comique des situations et des dialogues est révélée par le jeu.
- **Annonce de la troisième sous-partie** → Enfin, nous aborderons les choix de mise en scène qui ouvrent des perspectives d'interprétation originale.
- **Formulation de l'argument** → Tout d'abord, la représentation d'une comédie permet de mieux comprendre tout ce que l'on ne peut pas saisir à la simple lecture du texte théâtral : les décors permettent d'imaginer l'époque, les gestes et des objets symboliques peuvent aider à mieux comprendre un personnage ou une situation.
- **Exemples et citations exploités** → Ainsi, le premier intermède du *Malade imaginaire* est une scène héritée de la *Commedia dell'arte*, qui met en scène le personnage de Polichinelle, dans la situation du pauvre amoureux qui tente maladroitement de faire sa sérénade à sa « dragonne » de maîtresse Toinette. Tout le comique de gestes naît ici de la représentation et ne peut être que pressenti à la lecture : les violons qui couvrent le son de sa voix et l'empêchent de déclarer sa flamme comme les coups de bâton des archers-danseurs n'ont de véritable force comique que dans la représentation. C'est ce que l'on retrouve dans le vaudeville, ce théâtre des « portes qui claquent », par exemple

lorsque des Rillettes est pris à partie dans la scène de ménage entre les Boulingrin dans la pièce éponyme de Georges Courteline écrite en 1898, M. Boulingrin s'exclame alors : « Une trique ! Qu'on m'apporte une trique ! Je veux casser les reins à M. des Rillettes, car la patience a des limites et, à la fin, ceci passe la permission. » (I, 3). Seul le jeu de scène déclenche le rire dans ces situations qui s'appuient sur un comique particulièrement visuel.

> Interprétation de l'argument

Par ailleurs, c'est encore la représentation qui révèle la force comique des dialogues et des situations. L'écriture théâtrale crée en effet des situations et des personnages qui prennent vie sur scène. Ainsi dans *Le Malade imaginaire*, au début de la scène 5 de l'acte II, lorsque Monsieur Diafoirus vient présenter son fils à Argan, les deux personnages, nous disent les didascalies, « parlent tous deux en même temps, s'interrompent et confondent », la lecture de cette scène ne peut pas en transmettre le pouvoir comique, seul le jeu des acteurs y parvient. De la même façon, les caractères des personnages s'affirment sur scène comme lorsque Monsieur Purgon vient quereller Argan pour n'avoir pas pris son clystère, ce dernier adopte la posture d'un enfant écrasé par les reproches d'un adulte savant : « Argan : Ce n'est pas ma faute. / M. Purgon : Puisque vous vous êtes soustrait de l'obéissance que l'on doit à son médecin. » (III, 5). Ces oppositions de personnages, outil-clé de la comédie, s'appuient sur un décalage visuel qui fait naître le rire, c'est le cas aussi dans des comédies contemporaines comme *Le Dîner de cons* de Francis Veber en 1993, ainsi quand François Pignon se penche au-dessus de Pierre Brochant allongé au sol et déclare : « Vous faites peine à voir, on dirait un cheval qu'a raté une haie, on vous abattrait sur un champ de course », le décalage de positions et de tons entre les deux personnages crée une situation comique. On comprend en effet que la simple lecture des pièces ne rend pas l'aspect comique d'une situation comme peut le faire le jeu d'un acteur.

Enfin, les choix de mise en scène ouvrent de nouvelles perspectives d'interprétation. En effet, si le texte est unique et figé, les représentations sont multiples, chaque metteur en scène, chaque acteur a une vision singulière de la comédie qu'il interprète. Ainsi, le choix des accessoires portés par les acteurs peut renforcer le comique d'une scène en poussant la caricature, par exemple lorsque Monsieur Fleurant se présente « une seringue à la main » à la scène 4 de l'acte III, ladite seringue a souvent des dimensions telles que le rire est garanti. C'est aussi le parti qu'a pris le metteur en scène Gildas Bourdet lorsqu'il a monté *Le Malade imaginaire* au Théâtre de l'Ouest parisien en 2003, en affublant tous les acteurs de faux-nez pour accentuer leur aspect caricatural. De plus il leur fait porter des costumes noirs et blancs qui contrastent avec un décor aux couleurs vives sans aucun réalisme et sans aucun ancrage temporel pour que l'attention du spectateur soit entièrement portée sur le propos comique et le message qu'il transporte. Cette transposition de l'action dans un autre cadre ou une autre époque permet d'actualiser les propos tenus par l'auteur, c'est ce que nous pouvons voir avec la mise en scène de *Lysistrata*, la comédie d'Aristophane, par Raymond Acquaviva en 2011. Deux mille quatre cents ans après sa création, le metteur en scène montre à quel point le message sur la paix et l'intelligence politique des femmes garde son actualité. Ainsi, les choix des metteurs en scène

permettent aux spectateurs de mieux appréhender toute la richesse des comédies.

Le spectacle d'une comédie apparaît **donc** bien comme un aspect essentiel pour la compréhension d'une pièce. **Cependant,** on ne saurait l'opposer complètement à la lecture du texte, seul garant de la transmission permanente des idées de l'auteur et de la beauté de sa langue.

← Bilan de la partie

← Transition vers la partie suivante

9ᵉ ÉTAPE Rédiger la conclusion

La conclusion se rédige en un seul paragraphe ; elle commence par un alinéa. Ne commencez jamais par « En conclusion » ou « Pour conclure », qui sont des formules trop lourdes.

Il apparaît **donc** que lire une comédie sans la voir représentée offre un intérêt indiscutable car le texte survit à la représentation, **mais** que ce n'est toutefois pas le principe du théâtre : seule la conjonction du texte lu et du spectacle vu constitue vraiment la pièce. Les deux expériences se complètent et s'enrichissent mutuellement, que ce soit pour la simple compréhension du texte comme pour le plaisir que l'on éprouve à sa représentation. Aujourd'hui de nombreux metteurs en scène passent derrière la caméra et filment les pièces pour la télévision ou les adaptent pour le cinéma, ce moyen moderne permet **certes** une plus large diffusion des comédies mais ne devrait-on pas s'inquiéter d'une mise en danger du spectacle vivant qui l'accompagne ?

← Réponse à la problématique en synthétisant rapidement les parties de la dissertation

← Ouverture

UNE ŒUVRE, UN PARCOURS : *Le Malade imaginaire*

La dissertation

SUJET 2

→ Dans *L'Impromptu de Versailles*, Molière écrit en 1663 :
« L'affaire de la comédie est de représenter, en général, tous les défauts des hommes » (sc. 4). Cette remarque correspond-elle à ce que vous attendez d'une comédie ?
Vous appuierez votre réponse sur l'étude de l'œuvre *Le Malade imaginaire* de Molière, ainsi que sur le parcours associé et sur votre expérience de lecteur et de spectateur.

A Analyser le sujet

● Le sujet vous invite à réfléchir sur la comédie en général, un genre théâtral dont le ressort essentiel est le comique. La fonction première de la comédie est donc bien d'amuser.

● Le mot « affaire » est à prendre ici au sens de « rôle », « objectif », « but ».

● L'expression « tous les défauts des hommes » renvoie aux travers des individus et des sociétés.

● Le terme « représenter » signifie « montrer » et doit aussi vous évoquer l'idée de spectacle.

B Rechercher la problématique

- L'explicite du sujet
- L'implicite du sujet

● **Le sujet dit que** la comédie a avant tout une fonction didactique* : elle doit instruire le public en lui révélant sur scène « tous les défauts des hommes ». Cette définition de la comédie insiste donc sur son rôle moral.

● **Le sujet ne dit pas que** la comédie cherche avant tout à faire naître le rire, qu'elle est par nature un divertissement qui utilise toutes les ressources du comique. De plus « représenter » les défauts des hommes sous-entend aussi que l'on va les critiquer.

● **Discussion du sujet** : Le sujet associe donc implicitement la dénonciation des travers de la société et le divertissement des spectateurs, reprenant ainsi la formule latine bien connue des auteurs de comédies « *Castigat ridendo mores* » (La comédie corrige les mœurs en riant). Il faut donc interroger ces deux aspects de la comédie dans le devoir : la dénonciation et le divertissement.

- **Formulation de la problématique** : On peut ainsi se demander si *Le Malade imaginaire*, comme l'annonce Molière dans son prologue, n'a été fait que pour divertir et délasser le roi et plus généralement le public, ou si l'on n'y trouve pas également une dénonciation des défauts des hommes. Autrement dit, la comédie ne sert-elle qu'à faire rire ?

C Bâtir un plan détaillé

I. Certes, la comédie est la représentation des travers des hommes.

1. La comédie est ancrée dans la vie quotidienne, les sujets abordés sont légers et l'on peut se reconnaître dans les personnages qui sont assez ordinaires. (➜ voir Repères : B. Les différentes formes théâtrales – La comédie p. 14).

2. La comédie fait la satire* des hommes, elle critique les défauts des êtres humains et de la société (➜ voir Thèmes de l'œuvre : A. La médecine – La satire des médecins p. 32 ; Thèmes du parcours : 1. La comédie, lieu de la satire sociale p. 40 et 2. Dénoncer des caractères universels p. 45).

II. Mais la comédie est avant tout un divertissement.

1. Le rire est l'essence de la comédie (➜ voir Repères : Généralités sur le théâtre p. 11 ; Thèmes du parcours : 3. Texte et représentation p. 49).

2. La comédie utilise toutes les formes du comique (➜ se référer dans *Le Malade imaginaire* aux exemples de comique de mots, de gestes, de situation, de caractère ; voir Repères : B. Les différentes formes théâtrales – La comédie p. 14).

III. D'ailleurs, le rire rend plus efficace la satire.

1. Le message s'adresse à un large public sans craindre la censure grâce à l'humour (➜ voir Thèmes du parcours : 1. La comédie, lieu de la satire sociale p. 40 et 2. Dénoncer des caractères humains universels p. 45 ; se référer dans *Le Malade imaginaire* aux critiques des médecins et des avocats).

La dissertation

2. En corrigeant les mœurs, la comédie instruit et éduque (→ se référer aux passages contre le mariage forcé dans *Le Malade imaginaire* ; voir Thèmes du parcours : 4. Femmes de comédie p. 53).

D Exemple d'introduction rédigée

Accroche → « *Castigat ridendo mores* » (La comédie corrige les mœurs en riant), des comédies d'Aristophane jusqu'aux comédies contemporaines, cette définition de la comédie proposée par le poète Jean de Santeul semble correspondre parfaitement à ce que l'on attend d'une œuvre théâtrale humoristique.

Reprise du sujet → D'ailleurs Molière écrivait en 1663 dans *L'Impromptu de Versailles* : « L'affaire de la comédie est de représenter, en général, tous les défauts des hommes. » Il semblait alors considérer comme

Discussion du sujet → primordiale la fonction didactique et dénonciatrice de la comédie, suggérant ici que le divertissement n'était alors que secondaire. Cependant, le terme même de « comédie » contient par essence la notion de rire, qu'il convient de ne pas oublier.

Problématique → Nous pourrons nous demander dans quelles mesures *Le Malade imaginaire* est une comédie qui représente et dénonce les défauts des hommes tout en s'appliquant à divertir son public, ce qui posera alors la question plus générale de la fonction d'une comédie.

Annonce du plan → Nous verrons dans un premier temps que la comédie est bien la représentation des travers des hommes. Nous montrerons ensuite qu'elle reste avant tout un divertissement qui a pour objectif de déclencher le rire du spectateur. Enfin, nous analyserons comment le rire rend plus efficace la critique des « défauts des hommes ».

SUJET 3 → Les scènes de dispute sont fréquentes dans les comédies. En quoi sont-elles importantes dans leur dimension littéraire et scénique ?
Vous répondrez sous forme d'un devoir organisé en vous appuyant sur l'œuvre *Le Malade imaginaire* de Molière, mais aussi en exploitant le parcours associé et votre expérience de lecteur et de spectateur.

A Analyser le sujet

● Le mot « dispute » renvoie à la confrontation, aux conflits, des notions que vous avez étudiées dans le parcours associé (voir Thèmes du parcours : 5. La comédie, un lieu de confrontation de valeurs p. 57).

● Les adjectifs « littéraire » et « scénique » indiquent que vous devez parler du texte théâtral mais aussi de la représentation. Pensez aux scènes de dispute mais aussi à leur exploitation scénique, à la matérialisation de la dispute dans la mise en scène.

● Il ne s'agit pas ici d'une question fermée : il ne faut pas se demander si oui ou non la dispute dans les comédies est importante, mais de se demander en quoi, c'est-à-dire pourquoi, ses diverses formes ont un intérêt dans les comédies.

B Rechercher la problématique

● **Le sujet dit que** les scènes de dispute sont fréquentes et importantes pour le lecteur comme pour le spectateur dans les comédies, c'est une affirmation simple qui n'ouvre pas à discussion.

● **Le sujet ne dit pas** quels sont les moyens dont disposent l'auteur, le metteur en scène et les comédiens pour donner toute leur efficacité à ces disputes. Cherchez aussi quel intérêt peut avoir la dispute : pour la compréhension des personnages, pour le message de l'auteur…

● L'explicite du sujet
● L'implicite du sujet

La dissertation

La dissertation

- **Discussion du sujet** : Vous pouvez varier les mots interrogatifs du sujet pour vous aider à trouver des idées : quel intérêt présentent les scènes de dispute ? Pourquoi sont-elles importantes ? Quels effets produisent-elles sur le lecteur et sur le spectateur ? Comment peut-on en tirer profit dans la mise en scène ? Répertoriez les diverses formes de disputes que vous avez pu rencontrer dans des comédies : scènes de ménage, affrontement père-enfant(s), maître-valet… Identifiez pour chaque exemple : qui s'oppose à qui (types de personnages ? relations entre les personnages ?) ; à quel sujet (enjeu du conflit : amour, argent, pouvoir, mariage… ?) ; quelle est l'issue de la dispute ?
- **Formulation de la problématique** : Vous pouvez reformuler la question posée par le sujet : pour quelles raisons et par quels moyens la dispute entre les personnages est-elle un élément important dans une comédie ?

C Bâtir un plan détaillé

I. La dispute a un rôle dramatique

1. La dispute est le ressort de l'action, elle permet d'exposer et d'éclairer une situation, un problème (➜ se référer à la deuxième scène du *Malade imaginaire* ; voir Thèmes du parcours : 5. La comédie, un lieu de confrontation de valeurs p. 57).

2. La dispute éclaire les rapports entre les personnages et apporte des informations qui font progresser l'action (➜ se référer aux disputes entre Angélique et Béline ; voir Thèmes du parcours : 5. La comédie, un lieu de confrontation de valeurs p. 57).

3. La dispute provoque le rire grâce à la vivacité qu'elle apporte, c'est un moteur de l'action des comédies. Cette fonction est particulièrement évidente à la représentation (➜ se référer aux scènes de dispute qui se traduisent pas des injures, des coups, des joutes verbales dans *Le Malade imaginaire* et dans les pièces du parcours associé).

II. La dispute génère des réflexions

1. La dispute permet d'explorer les sentiments humains, de révéler les véritables caractères des personnages et des personnes (➜ voir Thèmes du parcours : 2. Dénoncer des caractères humains universels p. 45 et 5. La comédie, un lieu de confrontation de valeurs p. 57).

2. La critique sociale ou politique transparaît particulièrement dans les scènes de dispute (➜ voir Thèmes du parcours : 5. La comédie, un lieu de confrontation de valeurs p. 57 ; se référer aux disputes entre Argan et Béralde au sujet des médecins dans *Le Malade imaginaire*).

3. Réflexions sur des problèmes moraux : les disputes apportent sur la scène des débats fondamentaux (➜ disputes sur le mariage dans *Le Malade imaginaire* ; voir Thèmes du parcours : 4. Femmes de comédie p. 53).

D Exemple de conclusion rédigée

Nous avons donc vu que toutes les confrontations dans les comédies créent une tension dramatique absolument nécessaire à l'avancée de l'action. La dispute joue un rôle déterminant pour mieux appréhender les personnages et pour susciter des émotions dans le public. De plus, la représentation donne toute leur mesure à ces affrontements qui peuvent même parfois se passer de mots. Enfin, c'est à travers les disputes que l'auteur peut faire passer implicitement des idées, des messages, des critiques sur les caractères ou les mœurs de son époque. Bien conscient de ce potentiel de la comédie, Molière tente toujours de « corriger les hommes en les divertissant » (Premier placet au roi au sujet de *Tartuffe*). Indispensables dans la comédie, les confrontations ne sont pas moins nombreuses dans la tragédie, et il serait intéressant d'étudier quelles en sont les finalités.

← **Réponse à la problématique**

← **Ouverture**

L'oral

→ **L'oral porte sur un texte choisi par l'examinateur, parmi les textes travaillés en classe et proposés dans le descriptif.**

L'épreuve se déroule en 3 temps

1. Un temps de préparation de 30 minutes qui va vous permettre de noter au brouillon votre travail. Vous pouvez garder votre brouillon lors de votre passage devant l'examinateur. L'examinateur vous pose la question de grammaire, en lien avec le texte choisi, *avant* que vous commenciez votre préparation.

2. La première partie de l'oral de 12 minutes (lecture / analyse / grammaire).

3. La deuxième partie de l'oral de 8 minutes (discussion autour de l'œuvre choisie).

La première partie de l'épreuve orale (12 minutes / 12 points)

Cette partie s'organise en 3 étapes :

1. Présentation rapide et lecture du texte en intégralité **(2 points)** ;
2. Analyse linéaire **(8 points)** ;
3. Réponse à la question de grammaire **(2 points)**.

Comment réviser ?

- S'entraîner à **relire** à voix haute tous les textes étudiés en classe, pour ne pas buter sur les mots difficiles et pour faire entendre à l'examinateur que vous avez compris le sens des passages. Attention en particulier à la lecture des vers pour les textes de poésie et de théâtre en vers.

- Réviser les **analyses** faites sur les textes étudiés en lecture analytique en classe ; le choix de l'examinateur portera sur l'un de ces textes, d'une vingtaine de lignes environ (il peut « couper » le passage que vous avez travaillé en classe si celui-ci est plus long). Ne surtout pas faire d'impasse !

- Réviser les **mouvements** et les **notions littéraires**. Faire des fiches pour chacun, sous forme rédigée ou de carte heuristique, de *flash-cards*… À vous de voir ce qui vous convient le mieux !

- Ne pas oublier de revoir les notions de **grammaire** ; l'examinateur posera une question qui sera notée sur 2 points !

La deuxième partie de l'épreuve orale (8 minutes / 8 points)

Cette partie s'organise en 2 étapes :

1. L'élève défend l'œuvre qu'il a choisie au préalable, parmi les lectures cursives ou les œuvres imposées ; ce choix figure au descriptif.

2. L'examinateur interroge l'élève pour évaluer sa réflexion sur l'œuvre choisie. Cette étape doit être un véritable moment d'échange, de discussion.

1 Méthodologie pour lire à voix haute

A Articuler et contrôler son débit

● Il s'agit de ne pas lire trop vite, ni trop doucement et de bien articuler pour rendre la lecture compréhensible. Pour cela, entraînez-vous chez vous à lire **tous** les passages que vous allez présenter à l'oral, en particulier les mots sur lesquels vous risquez de buter.

● Voici un exemple avec le compliment de Thomas Diafoirus à Angélique (II, 5). On relève quatre mots sur lesquels vous risquez d'achopper : la négation archaïque et campagnarde « ne » pour « ni », le nom propre « Memnon » où il faut bien détacher le [m] et le [n], le mot savant « héliotrope » qu'il ne faut pas écorcher et sur lequel vous pouvez insister en forçant l'articulation, et « dores-en-avant » où vous devez faire entendre la liaison en prononçant le [s].

> « Mademoiselle, **ne** plus **ne** moins que la statue de **Memnon** rendait un son harmonieux, lorsqu'elle venait à être éclairée des rayons du soleil : tout de même me sens-je animé d'un doux transport à l'apparition du soleil de vos beautés. Et comme les naturalistes remarquent que la fleur nommée **héliotrope** tourne sans cesse vers cet astre du jour, aussi mon cœur **dores-en-avant** tournera-t-il toujours vers les astres resplendissants de vos yeux adorables, ainsi que vers son pôle unique. »

L'oral

B Adapter le ton

- Les **didascalies** et les **paroles** des personnages ne seront pas lues de la même manière. Il faut savoir **faire entendre l'intention** (colère, peine, douleur…) des personnages dans leurs propos.

- Généralement, on ne les lit pas les didascalies, mais on en tient compte pour l'intonation de la réplique. Dans certains cas (théâtre de l'absurde par exemple), elles constituent une partie importante du texte et doivent être lues. N'hésitez pas à poser la question à votre examinateur avant de commencer à lire : « Souhaitez-vous que je lise les didascalies ? »

- Entraînez-vous par exemple avec le passage suivant (I, 1) : insistez sur les **phrases exclamatives** qui traduisent la colère et permettent de comprendre le caractère d'Argan ; respectez les **pauses** (//) pour mettre en valeur certains passages ; variez le volume et le rythme en lisant plus fort le passage central ; insistez sur les mots soulignés.

> Allons, qu'on m'ôte tout ceci. Il n'y a <u>personne</u> // : j'ai beau dire, on me laisse <u>toujours seul</u> // ; il n'y a <u>pas</u> moyen de les arrêter ici. *(Il sonne une sonnette pour faire venir ses gens.)* Ils n'entendent <u>point</u>, // et ma sonnette ne fait <u>pas assez de bruit</u>. // Drelin, drelin, drelin : point d'affaire. Drelin, drelin, drelin : ils sont <u>sourds</u>. // **<u>Toinette</u>** ! Drelin, drelin, drelin : // tout comme si je ne sonnais point. **<u>Chienne, coquine</u> !** // Drelin, drelin, drelin : <u>j'enrage</u>. *(Il ne sonne plus, mais il crie.)* Drelin, drelin, drelin : **<u>carogne</u>, à tous les diables !** // Est-il possible qu'on laisse comme cela un <u>pauvre malade tout seul</u> ? // Drelin, drelin, drelin : voilà qui est <u>pitoyable</u> ! // Drelin, drelin, drelin : ah ! <u>mon Dieu</u> ! // ils me laisseront ici <u>mourir</u>. // Drelin, drelin, drelin.

C Faire vivre les dialogues

- Il faut faire entendre la voix de chacun des personnages à la lecture. Il ne s'agit bien entendu pas d'adopter une voix aiguë pour un personnage féminin et une voix grave pour un personnage masculin ; vous lisez avec votre propre tessiture (le son de votre voix), mais l'on doit entendre les caractères de chacun dans votre lecture.

- Dans cet échange vif entre Argan et Toinette (I, 2), vous devez faire entendre **la fausse douleur** de Toinette dans ses premières répliques et surtout son **caractère insoumis**.

> TOINETTE : Si vous querellez, je pleurerai.
>
> ARGAN : Me laisser, traîtresse…
>
> TOINETTE, *toujours pour l'interrompre* : Ha !
>
> ARGAN : Chienne, tu veux…
>
> TOINETTE : Ha !
>
> ARGAN : Quoi ? il faudra encore que je n'aie pas le plaisir de la quereller.
>
> TOINETTE : Querellez tout votre soûl, je le veux bien.
>
> ARGAN : Tu m'en empêches, chienne, en m'interrompant à tous coups.
>
> TOINETTE : Si vous avez le plaisir de quereller, il faut bien que, de mon côté, j'aie le plaisir de pleurer : chacun le sien, ce n'est pas trop. Ha !

2 L'explication linéaire

EXPLICATION LINÉAIRE 1

Acte I, scène 1

ARGAN, *seul dans sa chambre assis, une table devant lui, compte des parties d'apothicaire[1] avec des jetons ; il fait, parlant à lui-même, les dialogues suivants* : Trois et deux font cinq, et cinq font dix, et dix font vingt. Trois et deux font cinq. « Plus,
5 du vingt-quatrième, un petit clystère insinuatif, préparatif, et rémollient[2], pour amollir, humecter, et rafraîchir les entrailles de Monsieur. » Ce qui me plaît, de Monsieur Fleurant, mon apothicaire, c'est que ses parties sont toujours fort civiles : « les entrailles de Monsieur, trente sols ». Oui, mais, Monsieur
10 Fleurant, ce n'est pas tout que d'être civil, il faut être aussi raisonnable, et ne pas écorcher les malades. Trente sols un lavement : Je suis votre serviteur, je vous l'ai déjà dit. Vous ne me les avez mis dans les autres parties qu'à vingt sols, et vingt sols en langage d'apothicaire, c'est-à-dire dix sols ; les voilà, dix
15 sols. [...] « Plus, du vingt-cinquième, une bonne médecine purgative et corroborative[3], composée de casse récente avec séné levantin[4], et autres, suivant l'ordonnance de Monsieur Purgon, pour expulser et évacuer la bile de Monsieur, quatre livres. » Ah ! Monsieur Fleurant, c'est se moquer ; il faut vivre avec les
20 malades. Monsieur Purgon ne vous a pas ordonné de mettre quatre francs. Mettez, mettez trois livres, s'il vous plaît. [...] « Plus une potion cordiale et préservative, composée avec douze grains de bézoard[5], sirops de limon et grenade, et autres, suivant l'ordonnance, cinq livres. » Ah ! Monsieur Fleurant, tout doux,
25 s'il vous plaît, si vous en usez comme cela, on ne voudra plus être malade : contentez-vous de quatre francs. Vingt et quarante sols. Trois et deux font cinq, et cinq font dix, et dix font vingt. Soixante et trois livres, quatre sols, six deniers. Si bien donc que de ce mois j'ai pris une, deux, trois, quatre, cinq, six, sept et huit

---

1. Parties d'apothicaire : factures de pharmacien.
2. Clystère insinuatif, [...] et rémollient : lavement pour ramollir les selles.
3. Purgative et corroborative : qui purge et donne de la force.
4. Casse, séné levantin : végétaux exotiques.
5. Bézoard : calculs d'animaux.

30   médecines ; et un, deux, trois, quatre, cinq, six, sept, huit, neuf, dix, onze et douze lavements ; et l'autre mois il y avait douze médecines, et vingt lavements. Je ne m'étonne pas si je ne me porte pas si bien ce mois-ci que l'autre. Je le dirai à Monsieur Purgon, afin qu'il mette ordre à cela. Allons, qu'on
35   m'ôte tout ceci. Il n'y a personne : j'ai beau dire, on me laisse toujours seul ; il n'y a pas moyen de les arrêter ici. *(Il sonne une sonnette pour faire venir ses gens.)* Ils n'entendent point, et ma sonnette ne fait pas assez de bruit. Drelin, drelin, drelin : point d'affaire. Drelin, drelin, drelin : ils sont sourds.
40   Toinette ! Drelin, drelin, drelin : tout comme si je ne sonnais point. Chienne, coquine ! Drelin, drelin, drelin : j'enrage. *(Il ne sonne plus mais il crie.)* Drelin, drelin, drelin : carogne, à tous les diables ! Est-il possible qu'on laisse comme cela un pauvre malade tout seul ? Drelin, drelin, drelin : voilà qui
45   est pitoyable ! Drelin, drelin, drelin : ah ! mon Dieu ! ils me laisseront ici mourir. Drelin, drelin, drelin.

A Présentation du passage

Cette comédie-ballet s'est ouverte par un prologue « en musique et en danse » où Molière a fait son travail d'auteur-courtisan en flattant le roi et en charmant les spectateurs. Il s'agit ici de la première scène de la pièce, que l'on appelle la **scène d'exposition**. Molière ne donne presque aucune information sur l'intrigue, mais il dévoile le personnage éponyme : le Malade imaginaire.

B Analyse linéaire

● Les **didascalies initiales** utilisent quelques mots-clés qui situent déjà le personnage principal : « seul », « chambre », « compte », « apothicaire », « parlant à lui-même ». La pièce est lancée, Argan seul dans sa chambre fait ses comptes d'apothicaire en dialoguant avec un absent. La présence des guillemets, visibles pour le lecteur et que le spectateur doit « entendre » grâce au jeu du comédien, met en évidence la folie du personnage. En effet, ce **monologue paradoxal** fait entendre deux voix : les éléments de la facture de l'apothicaire sont cités et commentés par Argan. L'alternance des pronoms personnels de la première personne, « je »,

> **Conseil pour l'oral**
> Lorsque l'exemple que vous citez est trop long (énumération ou métaphore filée), vous pouvez n'indiquer que les lignes.

> **Paradoxe**
> Idée qui va contre la logique.

« me », et ceux de la deuxième personne « vous », « votre », montre qu'il y a un locuteur* et un destinataire* dans le texte, mais ce dernier est absent.

- **L'apostrophe*** au destinataire invisible « Monsieur Fleurant » permet également de le présenter : il s'agit de l'apothicaire, ce n'est pas un médecin, on peut donc discuter ses tarifs et n'en payer que ce que l'on estime juste : « vingt sols en langage d'apothicaire, c'est-à-dire dix sols ».
- Le **champ lexical*** de la médecine : « clystère insinuatif », « rémollient », « entrailles… » dresse le portrait d'Argan. C'est un personnage malade, principalement au niveau intestinal, ce qui sera bien entendu une source de comique farcesque, mais la redondance des traitements permet déjà de mettre en doute la gravité de la maladie. Il y a, dès la lecture de la première facture, une exagération de termes médicaux qui est en décalage avec la simplicité de l'objectif recherché : « rafraîchir les entrailles de Monsieur », c'est-à-dire l'envoyer aux toilettes.
- Les répétitions verbeuses (« purgative et corroborative »), mêlées de **pédantisme*** (« casse récente avec séné levantin ») mettent en place la **parodie*** du style médical qui sera un fil directeur de la pièce. Le troisième personnage de la pièce apparaît alors dans le discours : « Monsieur Purgon », le donneur d'ordres (« ordonnance »), auquel l'apothicaire est soumis : le médecin. La scène d'exposition, tout en jouant sur le registre du compte d'apothicaire, continue sa présentation des personnages principaux.
- L'avarice d'Argan est à nouveau soulignée, ainsi que son tempérament autoritaire lorsqu'il utilise deux fois l'impératif « mettez », pour discuter le prix de sa purge.
- Enfin, le dialogue fictif trouve son point d'orgue avec l'expression **antithétique*** « on ne voudra plus être malade » qui confirme la folie du personnage qui « veut » être malade : on est donc bien face à un malade imaginaire, un hypocondriaque.
- Argan fait alors le compte de ses traitements et annonce : « Je ne m'étonne pas si je ne me porte pas si bien ce mois-ci que l'autre » parce qu'il a pris moins de médicaments. L'absurdité de cette remarque confirme sa folie, son obsession de vouloir être malade.

Pédantisme
Prétention d'une personne qui cherche à étaler son savoir.

Parodie
Imitation d'un sujet sérieux destinée à faire rire.

Antithèse
Figure de style qui consiste à mettre en relation deux termes contradictoires.

• La scène se termine en présentant un nouveau personnage et deux autres aspects de la personnalité d'Argan : son aigreur et son égocentrisme. La servante Toinette devient en effet la nouvelle interlocutrice fictive d'Argan et la façon dont il l'interpelle montre son impatience, son aigreur et son manque de respect « Chienne, coquine ! ». Ses plaintes finales de n'être pas entouré, « un pauvre malade tout seul » ; « ils me laisseront ici mourir », sont des **hyperboles*** qui dévoilent de façon comique l'égocentrisme d'Argan.

-O **Hyperbole**
Exagération souvent comique.

Conclusion

Cette scène d'exposition est un moment privilégié pour lancer le comique de caractère sur lequel repose essentiellement la pièce. Le monologue met en évidence la folie, l'égocentrisme et l'avarice d'Argan qui seront les principaux ressorts du comique de caractère de la pièce. En plus d'Argan, trois personnages sont déjà évoqués : M. Fleurant, M. Purgon et Toinette. Cependant, Molière ne donne aucune information sur l'intrigue : son projet de marier sa fille Angélique à un médecin ; l'exposition va donc se poursuivre sur plusieurs scènes.

C Question de grammaire

Faites l'analyse (modes, temps et valeurs) de tous les verbes de ces deux phrases.
Je le dirai à Monsieur Purgon, afin qu'il mette ordre à cela. Allons, qu'on m'ôte tout ceci.

> Je le dirai à Monsieur Purgon, afin qu'il mette ordre à cela. Allons, qu'on m'ôte tout ceci.

Il y a quatre verbes conjugués. Le premier, « dirai » est conjugué à l'indicatif futur et il indique une promesse non réalisée au moment où parle Argan. Le deuxième, « qu'il mette », est conjugué au subjonctif présent, mode qui est obligatoire après la conjonction de subordination de but « afin que ». Le troisième, « allons », est l'impératif présent du verbe *aller*, employé ici comme une interjection. Le quatrième, « qu'on ôte », est conjugué au subjonctif présent, et il a une valeur d'ordre.

EXPLICATION LINÉAIRE 2

Acte II, scène 5 : de « Mademoiselle, ne plus... » jusqu'à « quelque chose de plus galant ».

THOMAS DIAFOIRUS : Mademoiselle, ne plus ne moins que la statue de Memnon rendait un son harmonieux, lorsqu'elle venait à être éclairée des rayons du soleil : tout de même me sens-je animé d'un doux transport à l'apparition du soleil de vos beautés. Et comme les naturalistes remarquent que la fleur nommée héliotrope tourne sans cesse vers cet astre du jour, aussi mon cœur dores-en-avant tournera-t-il toujours vers les astres resplendissants de vos yeux adorables, ainsi que vers son pôle unique. Souffrez donc, Mademoiselle, que j'appende aujourd'hui à l'autel de vos charmes l'offrande de ce cœur, qui ne respire et n'ambitionne autre gloire, que d'être toute sa vie, Mademoiselle, votre très humble, très obéissant, et très fidèle serviteur, et mari.

TOINETTE, *en le raillant* : Voilà ce que c'est que d'étudier, on apprend à dire de belles choses.

ARGAN : Eh ! que dites-vous de cela ?

CLÉANTE : Que Monsieur fait merveilles, et que s'il est aussi bon médecin qu'il est bon orateur, il y aura plaisir à être de ses malades.

TOINETTE : Assurément. Ce sera quelque chose d'admirable, s'il fait d'aussi belles cures qu'il fait de beaux discours.

ARGAN : Allons vite ma chaise, et des sièges à tout le monde. Mettez-vous là, ma fille. Vous voyez, Monsieur, que tout le monde admire Monsieur votre fils, et je vous trouve bien heureux de vous voir un garçon comme cela.

MONSIEUR DIAFOIRUS : Monsieur, ce n'est pas parce que je suis son père, mais je puis dire que j'ai sujet d'être content de lui, et que tous ceux qui le voient en parlent comme d'un garçon qui n'a point de méchanceté. Il n'a jamais eu l'imagination bien vive, ni ce feu d'esprit qu'on remarque dans quelques-uns ; mais c'est par là que j'ai toujours bien auguré de sa judiciaire, qualité requise pour l'exercice de notre art. Lorsqu'il était petit, il n'a jamais été ce qu'on appelle mièvre et éveillé. On le voyait toujours doux, paisible, et taciturne, ne disant jamais mot, et ne jouant jamais à tous ces petits jeux, que l'on nomme enfantins. On eut toutes les peines du monde à lui apprendre à lire, et il avait neuf ans, qu'il ne connaissait pas encore ses lettres. […] Mais sur toute chose, ce qui me plaît en lui, et en quoi il suit mon exemple, c'est qu'il s'attache aveuglément aux opinions de nos anciens, et que jamais il n'a voulu comprendre, ni écouter les raisons et les expériences

40 des prétendues découvertes de notre siècle, touchant la circulation du sang, et autres opinions de même farine.

THOMAS DIAFOIRUS *Il tire une grande thèse roulée de sa poche, qu'il présente à Angélique* : J'ai contre les circulateurs soutenu une thèse, qu'avec la permission de Monsieur, j'ose présenter à Mademoiselle, comme un hommage que je
45 lui dois des prémices de mon esprit.

ANGÉLIQUE : Monsieur, c'est pour moi un meuble inutile, et je ne me connais pas à ces choses-là.

TOINETTE : Donnez, donnez, elle est toujours bonne à prendre pour l'image ; cela servira à parer notre chambre.

50 THOMAS DIAFOIRUS : Avec la permission aussi de Monsieur, je vous invite à venir voir l'un de ces jours, pour vous divertir, la dissection d'une femme, sur quoi je dois raisonner.

TOINETTE : Le divertissement sera agréable. Il y en a qui donnent la comédie à leurs maîtresses ; mais donner une dis-
55 section est quelque chose de plus galant.

A Présentation du passage

Dans cette scène, Argan reçoit M. Diafoirus et son fils Thomas pour les présentations et la demande en mariage. La scène, qui mêle comique de situation, parodie et satire des médecins, est structurée en plusieurs étapes : l'arrivée des Diafoirus, le compliment à Argan, le compliment à Angélique, le portrait de Thomas, l'opéra de Cléante et Angélique.

Nous étudierons ici la scène de séduction comique à travers le compliment à Angélique et le portrait de Thomas.

B Analyse linéaire

→ Le compliment à Angélique

• Thomas qui est présenté dans les didascalies* de la scène comme « un grand benêt » vient de le confirmer avec un très court quiproquo* où il a confondu Angélique et sa belle-mère. Il récite alors un compliment qui est une **caricature*** de la rhétorique* des médecins.

• Il commence par une référence à l'Antiquité, « la statue de Memnon », qui est hors de propos car

UNE ŒUVRE, UN PARCOURS : *Le Malade imaginaire*   101

> **Périphrase**
> Figure de style qui consiste à remplacer un mot par un groupe de mots de sens équivalent.

> **Métonymie**
> Désigne un ensemble en nommant un seul de ses éléments, une partie pour le tout.

> **Emphase**
> Peut se marquer de plusieurs façons : modification de l'ordre des mots, présentatifs, superlatifs…

incompréhensible et sans rapport avec la situation et ne fait que souligner son **pédantisme***.

- De la même façon, cherchant à éblouir par sa maîtrise de la rhétorique, il multiplie les figures de style : **périphrase*** (« astre du jour » pour « soleil »), **métaphore* filée** banale qui assimile la femme à un « soleil » et ses « yeux » à des « astres », et fait de l'aimée une déesse (« autels de vos charmes » et « offrande »), **métonymie*** : « vos beautés » désigne Angélique, « ce cœur » désigne Thomas lui-même, enfin la **comparaison** avec l'« héliotrope » tombe dans le grotesque et le ridiculise en l'assimilant lui-même à un tournesol.

- Le style lui même est **emphatique*** et lourd, ponctué par des adjectifs mélioratifs (« resplendissants », « adorables »), par un vocabulaire précieux : « doux transport », « charmes », « souffrez », « j'appende » et par des superlatifs répétés « très ».

- Le silence d'Angélique face à ce compliment est éloquent, et c'est Toinette, puis Cléante qui répondent au discours de façon ironique pour dénoncer le ridicule de la formation intellectuelle des médecins.

➔ Le portrait de Thomas par son père

- Diafoirus présente son fils sous un jour qu'il veut positif, mais en fait il expose surtout ses défauts dans un discours marqué par les négations : « ne… point », « ne… jamais » répété cinq fois, « ni ».

- Il souligne ainsi son absence d'« imagination », et d'« esprit », rappelle qu'il n'est pas « éveillé » mais « taciturne » et qu'il ne savait pas lire à neuf ans.

- Molière se sert aussi de ce discours du père pour faire la **satire*** des médecins de son époque : il dénonce leur obscurantisme et leur étroitesse d'esprit en soulignant que Thomas, à l'image de son père, « s'attache aveuglément aux opinions de nos anciens, et que jamais il n'a voulu comprendre ni écouter les raisons et les expériences des prétendues découvertes de notre siècle ». L'adverbe « aveuglément » résume la façon de « voir » de ces médecins.

- Thomas, encouragé par le portrait pourtant **caricatural*** que son père vient de faire de lui, fait deux propositions complètement inadéquates pour séduire Angélique : il lui

> **Satire**
> La satire est la critique moqueuse d'une époque, d'idées ou d'individus.

offre la « grande thèse roulée » qu'Angélique refuse et que Toinette prend pour décorer sa chambre, et l'invite pour la « divertir » à « la dissection d'une femme ». Molière achève ainsi de **parodier*** la rencontre amoureuse grâce au décalage entre les attentes d'Angélique et ce qu'offre Thomas.

● Enfin, la dernière réplique de Toinette souligne le fait que le véritable prétendant d'Angélique assiste à cette scène et annonce ce qui va suivre : la déclaration d'amour masquée dans un opéra improvisé par Cléante.

Conclusion
Face au personnage ridicule qu'est Thomas, Cléante apparaît comme l'amoureux idéal, et la scène bascule vraiment vers la scène de séduction dès lors qu'il va prendre la parole et improviser son opéra. Molière, fidèle à la devise de la comédie « *Castigat ridendo mores* » (La comédie corrige les mœurs en riant), utilise cette scène de parodie de déclaration amoureuse pour faire la satire des médecins en grossissant le ridicule des personnages qu'il caricature.

C Question de grammaire

Relevez et identifiez précisément tous les mots subordonnants de la phrase suivante :
« Monsieur, ce n'est pas parce que je suis son père, mais je puis dire que j'ai sujet d'être content de lui, et que tous ceux qui le voient en parlent comme d'un garçon qui n'a point de méchanceté. »

> « Monsieur, ce n'est pas parce que je suis son père, mais je puis dire que j'ai sujet d'être content de lui, et que tous ceux qui le voient en parlent comme d'un garçon qui n'a point de méchanceté. »

« Parce que » est une locution conjonctive introduisant une proposition subordonnée de cause. « Que » est une conjonction de subordination répétée pour introduire deux propositions subordonnées complétives. « Qui » est un pronom relatif sujet, il a pour antécédents respectifs « tous ceux » et « garçon ».

L'oral

EXPLICATION LINÉAIRE 3

Acte III, scène 5

Monsieur Purgon, Argan, Béralde, Toinette

Monsieur Purgon : Je viens d'apprendre là-bas, à la porte, de jolies nouvelles : qu'on se moque ici de mes ordonnances, et qu'on a fait refus de prendre le remède que j'avais prescrit.

Argan : Monsieur, ce n'est pas…

5   Monsieur Purgon : Voilà une hardiesse bien grande, une étrange rébellion d'un malade contre son médecin.

Toinette : Cela est épouvantable.

Monsieur Purgon : Un clystère que j'avais pris plaisir à composer moi-même.

10   Argan : Ce n'est pas moi…

Monsieur Purgon : Inventé et formé dans toutes les règles de l'art.

Toinette : Il a tort.

Monsieur Purgon : Et qui devait faire dans des entrailles un effet merveilleux.

15   Argan : Mon frère ?

Monsieur Purgon : Le renvoyer avec mépris !

Argan : C'est lui…

Monsieur Purgon : C'est une action exorbitante.

Toinette : Cela est vrai.

20   Monsieur Purgon : Un attentat énorme contre la médecine.

Argan : Il est cause…

Monsieur Purgon : Un crime de lèse-Faculté, qui ne se peut assez punir.

Toinette : Vous avez raison.

25   Monsieur Purgon : Je vous déclare que je romps commerce avec vous.

Argan : C'est mon frère…

Monsieur Purgon : Que je ne veux plus d'alliance avec vous.

Toinette : Vous ferez bien.

30   Monsieur Purgon : Et que, pour finir toute liaison avec vous, voilà la donation que je faisais à mon neveu, en faveur du mariage. *(Il déchire violemment la donation et en jette les morceaux avec fureur.)*

ARGAN : C'est mon frère qui a fait tout le mal.

35 MONSIEUR PURGON : Mépriser mon clystère !

ARGAN : Faites-le venir, je m'en vais le prendre.

MONSIEUR PURGON : Je vous aurais tiré d'affaire avant qu'il fût peu.

TOINETTE : Il ne le mérite pas.

40 MONSIEUR PURGON : J'allais nettoyer votre corps et en évacuer entièrement les mauvaises humeurs.

ARGAN : Ah, mon frère !

MONSIEUR PURGON : Et je ne voulais plus qu'une douzaine de médecines, pour vider le fond du sac.

45 TOINETTE : Il est indigne de vos soins.

MONSIEUR PURGON : Mais puisque vous n'avez pas voulu guérir par mes mains.

ARGAN : Ce n'est pas ma faute.

MONSIEUR PURGON : Puisque vous vous êtes soustrait de
50 l'obéissance que l'on doit à son médecin.

TOINETTE : Cela crie vengeance.

MONSIEUR PURGON : Puisque vous vous êtes déclaré rebelle aux remèdes que je vous ordonnais…

ARGAN : Hé ! point du tout.

55 MONSIEUR PURGON : J'ai à vous dire que je vous abandonne à votre mauvaise constitution, à l'intempérie de vos entrailles, à la corruption de votre sang, à l'âcreté de votre bile, et à la féculence de vos humeurs.

TOINETTE : C'est fort bien fait.

60 ARGAN : Mon Dieu !

MONSIEUR PURGON : Et je veux qu'avant qu'il soit quatre jours vous deveniez dans un état incurable.

ARGAN : Ah ! Miséricorde !

MONSIEUR PURGON : Que vous tombiez dans la bradypepsie.

65 ARGAN : Monsieur Purgon !

MONSIEUR PURGON : De la bradypepsie dans la dyspepsie.

ARGAN : Monsieur Purgon !

MONSIEUR PURGON : De la dyspepsie dans l'apepsie.

ARGAN : Monsieur Purgon !

70 MONSIEUR PURGON : De l'apepsie dans la lienterie…

ARGAN : Monsieur Purgon !

MONSIEUR PURGON : De la lienterie dans la dyssenterie…

ARGAN : Monsieur Purgon !

MONSIEUR PURGON : De la dyssenterie, dans l'hydropisie…

75　ARGAN : Monsieur Purgon !

MONSIEUR PURGON : Et de l'hydropisie dans la privation de la vie, où vous aura conduit votre folie.

A Présentation du passage

Après avoir refusé, sur les injonctions de son frère Béralde, un lavement qui devait lui être administré par l'apothicaire Monsieur Fleurant, Argan reçoit la visite de Monsieur Purgon dont il n'a donc pas respecté l'ordonnance.

C'est une scène très attendue, car c'est la première – et la seule – apparition de Monsieur Purgon, le médecin officiel d'Argan, qui est constamment mentionné depuis le début de la pièce.

B Analyse linéaire

● Monsieur Purgon est un **personnage très attendu**, Argan parle de lui avec une admiration proche de la vénération depuis le début de la pièce, son arrivée est attendue et annoncée à la dernière réplique de la scène 4 « Ah ! voici Monsieur Purgon ». Le personnage doit donc faire forte impression en entrant sur scène, car il est l'une des clés de la relation d'Argan avec les médecins.

Le sujet à propos duquel il intervient est en adéquation parfaite avec son nom, « Purgon », qui évoque la purge, le lavement et les fonctions excrémentielles de l'organisme, il s'agit d'un comique grossier et farcesque.

● Monsieur Purgon, dès le début de la scène, confirme ce **caractère farcesque** et cette identité liée au lavement en associant plaisir et préparation du clystère, « Un clystère que j'avais pris plaisir à composer moi-même ».

● Le **comique de caractère** est mis en place et se poursuit, l'« offense » d'Argan est bénigne, mais le médecin considère le fait comme une « rébellion » à l'encontre de la dignité

de la médecine et de ses représentants avec l'utilisation du champ lexical* de la justice : « action exorbitante » ; « attentat énorme » ; « crime de lèse-Faculté », la dernière expression étant un **calembour*** habile devant le roi et sa cour à partir de l'expression « lèse-majesté ». Cette disproportion entre la faute et la réaction crée un **décalage** comique.

- Monsieur Purgon va plus loin en **personnifiant*** son clystère, « Mépriser mon clystère », pour donner plus d'importance au remède et souligner l'importance de l'offense, ce n'est pas seulement lui qui est blessé, mais son clystère !

- Toinette n'est évidemment pas d'accord avec Monsieur Purgon, comme elle l'a montré à plusieurs reprises dans la pièce, et toutes ses interventions qui approuvent le médecin sont **ironiques***.

Le spectateur connaît l'avis de Toinette et devient son complice (**double énonciation***) contre Purgon et Argan. Dès lors ses remarques « Cela est épouvantable », « Il ne le mérite pas », « Il est indigne de vos soins » déprécient et ridiculisent les interventions indignées de Monsieur Purgon.

- Argan essaie de se justifier dès le début de la scène à la manière d'un enfant pris en faute par un adulte : « Ce n'est pas moi… », « C'est lui… », mais Monsieur Purgon lui coupe la parole systématiquement, et plus les interventions d'Argan sont implorantes, moins Purgon ne lui prête attention. Le **duo comique** est efficace et montre la soumission totale d'un personnage à un autre, renforcée par **le comique de répétition** lorsque Argan, anéanti par la colère du médecin, ne cesse de répéter « Monsieur Purgon ! ».

- Enfin, Monsieur Purgon se métamorphose en prophète en menaçant Argan des pires maladies en se laissant entraîner par une forme de délire verbal qui **énumère*** toutes les maladies d'au moins trois syllabes finissant par [i]. Cette **assonance*** crée un comique de mots habile qui entraîne Argan et le spectateur dans le rythme de la malédiction prononcée par Monsieur Purgon.

Calembour
Jeu de mots fondé sur des ressemblances de sons.

Le décalage est un ressort très efficace en comédie : décalage entre la situation attendue et celle qui se produit, entre deux personnages, entre deux façons de parler…

Ironie
Procédé à visée moqueuse, qui consiste à dire l'inverse de ce que l'on pense.

Assonance et allitération
Répétition de sonorités vocaliques (assonance) ou consonantiques (allitération).

L'oral

> **Gradation**
> Figure de style qui ordonne des termes du plus faible au plus fort. Elle peut, comme ici, se terminer par une hyperbole, on parle alors de **gradation hyperbolique**.

> **Euphémisme**
> Figure de style d'atténuation, elle utilise des mots faibles pour adoucir une idée.

• La malédiction forme une **gradation*** qui aboutit à la mort évoquée par un **euphémisme*** qui raille une ultime fois le langage des médecins : « la privation de la vie ».

Conclusion

Molière utilise essentiellement le comique de caractère et le comique de mots pour dénoncer la prétention d'un médecin orgueilleux prophétisant la mort de son patient. Le spectateur ne peut que rire de la peur puérile d'Argan devant les menaces grotesques du médecin. Le comique de caractère attaché aux deux personnages relève aussi de la farce par l'importance du décalage entre les personnages stéréotypés et entre la faute bénigne de l'un et la réaction excessive de l'autre. Béralde assiste à la scène sans parler, partageant la position de spectateurs qui connaissent déjà son point de vue et celui de Molière sur la médecine.

C Question de grammaire

Analysez les propositions dans la phrase suivante :
« Et je veux qu'avant qu'il soit quatre jours vous deveniez dans un état incurable. »

> « Et je veux qu'avant qu'il soit quatre jours vous deveniez dans un état incurable. »

La phrase comporte trois verbes conjugués, donc trois propositions. La première proposition est la principale, elle commande la proposition subordonnée conjonctive complétive introduite par « que » : « que vous deveniez dans un état incurable ». Cette proposition, qui est complément d'objet direct de la proposition principale, contient en incise une proposition subordonnée conjonctive circonstancielle de temps introduite par « avant que » : « avant qu'il soit quatre jours ».

3. L'entretien avec l'examinateur

A Conseils pour présenter une œuvre

Vous avez le choix de l'œuvre que vous présenterez le jour de l'oral. Il faut donc bien préparer cette présentation, pour ne pas simplement résumer le livre (ce n'est pas ce que l'on vous demande !).

Voici une liste de rubriques que vous pouvez compléter pour préparer votre présentation.

- **Contexte général** : qui est l'auteur / à quelle époque a-t-il vécu / quels mouvements politiques, littéraires et intellectuels dominants ont marqué sa vie et sa production ?

- **L'œuvre dans son contexte** : dans quelles conditions l'œuvre a-t-elle été créée / comment a-t-elle été reçue lors de sa publication (polémiques, censure, accueil favorable…) / à quel genre ou sous-genre littéraire appartient-elle ?

- **L'œuvre en elle-même** : quels sont les thèmes principaux / les personnages essentiels / les enjeux de l'œuvre / son actualité ?

- **Votre lecture de l'œuvre** : quelles activités d'appropriation avez-vous faites autour de l'œuvre / quels sont les passages ou les personnages qui vous ont le plus marqué.e, et pour quelles raisons / pourquoi et comment conseilleriez-vous à un.e ami.e de lire cette œuvre ?

B Conseils pour exprimer et justifier un point de vue

➜ Utiliser les verbes d'opinion

Vous devez nuancer votre propos, en utilisant des **modalisateurs** et des verbes **d'opinion**. Voici une liste non exhaustive des verbes que vous pouvez utiliser.

Je pense que…
Je crois que…
J'estime que…
Je trouve que…

L'oral

J'imagine que...
Je suppose que...
Je me doute que...
Il me semble que...
Il m'apparaît que...
À mon avis...
D'après moi...
Selon moi...
J'ai le sentiment que...
J'ai l'impression que...

➜ Exprimer des émotions

Pour partager votre avis sur la lecture de la pièce, vous allez devoir expliquer pourquoi certains passages, personnages ou des enjeux du texte vous ont touché.e. Vous pouvez utiliser différentes expressions, tout en justifiant toujours votre émotion :

J'ai été amusé.e par le personnage de Toinette face à Argan, parce que...

L'entrevue entre Louison et son père m'a plu pour les raisons suivantes : ...

Les enjeux contemporains de l'œuvre, qui parle de la condition féminine, m'intéressent beaucoup car...

J'ai le sentiment qu'Argan a changé d'opinion sur les médecins au moment où...

Cependant, la scène de ballet finale m'a montré que...

➜ Justifier ses choix

Vous devez toujours expliquer les raisons de votre choix, qu'il s'agisse du choix de l'œuvre ou de celui d'un passage ou d'un personnage marquant. Vous ne pouvez pas vous contenter de simplement dire « J'ai aimé ceci » ou « Je n'ai pas aimé cela », vous devez expliquer pourquoi vous avez aimé ou pas tel personnage, tel moment de l'œuvre.

C Exemples de questions et éléments de réponses possibles

1. Que pensez-vous de l'attitude de Toinette par rapport à Argan ?

Toinette est la servante d'Argan mais on observe à plusieurs reprises dans la pièce une inversion des rôles : c'est elle qui prend le dessus sur son maître, par sa ruse ou son impertinence : « Quand un maître ne songe pas à ce qu'il fait, une servante bien sensée est en droit de le redresser » (I, 5). Elle est à l'initiative des stratagèmes qui trompent Béline ou Argan et permet donc à l'action dramatique de progresser. Toutefois, cette position supérieure de la servante sur le valet n'a pas encore la portée revendicatrice de remise en question de la société de l'Ancien Régime qu'elle aura dans des pièces comme *L'Île des esclaves* de Marivaux au XVIIIe siècle.

2. En quoi cette pièce prend-elle position sur la condition féminine au XVIIe siècle ?

Le thème du mariage forcé est largement abordé dans la pièce puisqu'il en constitue l'intrigue principale. Toinette, Angélique et Béralde argumentent à plusieurs reprises pour remettre en question cette pratique très courante au XVIIe siècle. Vous pouvez citer une ou deux phrases de ces personnages pour appuyer votre propos : « Angélique : Le mariage est une chaîne où l'on ne doit jamais soumettre un cœur par force. » (II, 6).

3. Appréciez-vous les intermèdes de cette comédie-ballet ?

On vous demande d'exprimer un avis personnel et de le justifier, n'hésitez pas à moduler votre avis en vous appuyant sur les différents intermèdes : « J'ai vraiment aimé la cérémonie finale qui est dynamique et vient clôturer l'intrigue de manière originale et très drôle ; par contre le prologue est ancré dans l'actualité du XVIIe siècle et m'a moins touché.e. ». C'est le moment aussi d'évoquer les représentations de la pièce que vous avez pu voir (y compris en vidéo bien sûr) pour émettre une opinion sur les décors, la musique, les choix de mise en scène que vous avez appréciés ou pas.

L'oral

4. Pensez-vous qu'Argan a changé de comportement vis-à-vis des médecins au cours de la pièce ?

La question n'appelle pas une réponse par oui ou par non, l'examinateur a une idée derrière la tête. Demandez-vous donc, sur ce type de question, à quel moment de la pièce on a pu observer un changement dans l'attitude du personnage. Dans *Le Malade imaginaire*, même si Argan reste un monomaniaque obsédé par la médecine jusqu'à la fin de la pièce, il remet en question l'avis des médecins à la fin de la consultation par Toinette/médecin. Le diagnostic extravagant qu'elle pose le fait enfin douter. Finalement, en devenant lui-même médecin, il conservera sa folie mais sans aucun risque pour son entourage qui va « s'accommoder à ses fantaisies » (III, 14).

Lexique

Accumulation : Voir énumération.

Antithèse : Figure de style qui met en relation deux termes contradictoires. Exemple : « L'immense nuit faisait face à ce petit être » (V. Hugo).

Aparté : Propos d'un personnage qui est entendu par les spectateurs et parfois par un personnage mais qui est censé échapper aux autres acteurs présents sur scène.

Apostrophe : Interpellation orale vive.

Assonance et **allitération :** Répétition de sonorités vocaliques (assonance) ou consonantiques (allitération). Exemple : « Pour qui sont ces serpents qui sifflent sur vos têtes ? » (Racine).

Caricature : Exagération des traits qui déforme la réalité dans un but généralement comique.

Calembour : Jeu de mots fondé sur des ressemblances de sons. Exemple : « De deux choses lune, l'autre c'est le soleil » (J. Prévert).

Chambre du roi : La « chambre » du roi comprend une centaine de personnes auxquelles le roi accorde sa confiance. La charge de valet de chambre-tapissier consiste à faire le lit du monarque, à disposer les tapisseries dans ses appartements lors des déplacements de la cour, et à veiller sur le mobilier. Elle est exercée par période de trois mois.

Champ lexical : Ensemble de mots et d'expressions groupés autour d'un même thème.

Destinataire : Personne qui reçoit le message. Voir aussi locuteur.

Dialogue : Échange de répliques entre plusieurs personnages.

Didactique : Qui cherche à instruire.

Didascalies : Indications scéniques données par l'auteur, notées en italiques juste après le nom du personnage ou entre parenthèses à l'intérieur d'une réplique. Elles renseignent sur la mise en scène, le décor, les mouvements, les intentions des personnages.

Double énonciation : Au théâtre, une réplique s'adresse à un autre personnage, mais aussi toujours au spectateur.

Églogue : Petit poème champêtre.

Emphase : Exagération qui peut se marquer de plusieurs façons : modification de l'ordre des mots, présentatifs, superlatifs… Exemple : « Cet homme robuste, aux cheveux blancs, qui médite là, près de son page, c'est Créon. » (J. Anouilh).

Énumération (ou accumulation) : Suite de mots de même nature grammaticale qui provoque un effet d'insistance. Exemple : « Les trompettes, les fifres, les hautbois, les tambours, les canons formaient une harmonie telle qu'il n'y en eut jamais en enfer » (Voltaire).

Lexique

Éponyme : Éponyme signifie « qui donne son nom à quelque chose », un héros éponyme donne son nom au titre de l'œuvre.

Euphémisme : Figure de style d'atténuation, elle utilise des mots faibles pour adoucir une idée. Exemple : « L'Époux d'une jeune Beauté / *Partait pour l'autre monde* » (La Fontaine).

Gradation : Figure de style qui ordonne des termes du plus faible au plus fort. Elle peut se terminer par une hyperbole, on parle alors de gradation hyperbolique. Exemple : « Je me meurs, je suis mort, je suis enterré » (Molière).

Hyperbole : Exagération souvent comique.

Hypocondrie : Peur obsessionnelle d'être malade.

Ironie : Procédé à visée moqueuse, qui consiste à dire l'inverse de ce que l'on pense. Exemple : « Rien n'était si beau, si leste, si brillant, si bien ordonné que les deux armées » (Voltaire).

Latin macaronique : Le latin macaronique ou « latin de cuisine » est une imitation humoristique du latin : on y mélange des mots français et latins ou bien on ajoute simplement des terminaisons qui évoquent le latin. Exemple : « *Clysterium donare, / Postea seignare, / Ensuitta purgare* » (Molière).

Lettres patentes : Textes législatifs qui rendent public et officiel un privilège accordé par le roi.

Locuteur : Personne qui émet un message. Voir aussi destinataire.

Marâtre : Femme du père par rapport aux enfants qu'il a eus d'un premier mariage (= belle-mère). L'emploi de ce mot est souvent péjoratif.

Métaphore : Figure de style qui rapproche deux réalités sans outil de comparaison (contrairement à la comparaison). Exemple : « Mais Paris est un véritable océan » (Balzac).

Métonymie : Désigne un ensemble en nommant un seul de ses éléments, une partie pour le tout. Exemple : « Ah ! quelle cruauté qui tout en jour tue / Le père par le fer, la fille par la vue ! » (Corneille).

Monologue : Un personnage parle seul sur scène (ou se croyant seul), il révèle ses sentiments, ses interrogations aux spectateurs.

Oxymore : Alliance de deux mots opposés dans une même expression. Exemple : « Cette obscure clarté qui tombe des étoiles » (Corneille).

Paradoxe : Idée qui va contre la logique.

Parodie : Imitation d'un sujet sérieux destinée à faire rire.

Pédantisme : Prétention d'une personne qui cherche à étaler son savoir.

Périphrase : Figure de style qui consiste à remplacer un mot par un groupe de mots de sens équivalent. Exemple : « Le conseiller des grâces » (= le miroir) (Molière).

Lexique

Personnification : Figure de style qui consiste à attribuer des caractéristiques humaines à quelque chose qui ne l'est pas. Exemple : « Vois sur ces canaux / <u>Dormir ces vaisseaux</u> » (Baudelaire).

Préciosité : Caractère recherché et raffiné du langage et du style.

Quiproquo : Effet de théâtre où un personnage est pris pour un autre. Cela crée un malentendu souvent comique.

Rhétorique : Art de bien parler en maîtrisant les techniques d'expression (figures de style, composition du discours…).

Satire : Critique moqueuse d'une époque, d'idées ou d'individus.

Stichomythie : Échange de répliques de longueur équivalente (souvent des vers), qui traduit une joute verbale entre deux personnages.

Tirade : Longue réplique d'un personnage (il n'est pas seul sur scène).

Tragi-comédie : Tragédie dont le dénouement n'est pas malheureux, comme *Le Cid* de Corneille (1637).

Vaudeville : Comédie légère, riche en rebondissements, multipliant les situations comiques.

Réponses aux Quiz

p. 6
1. Jean-Baptiste Poquelin.
2. Les Fâcheux.
3. Louis XIV.
4. En jouant le rôle du Malade imaginaire.

p. 8
1. *L'École des femmes* et *Les Femmes savantes*.
2. *Le Médecin volant*, *Le Médecin malgré lui* et *Le Malade imaginaire*.
3. *Tartuffe*, *Le Misanthrope*, *L'Avare*, *Le Bourgeois gentilhomme*, *le Malade imaginaire*.

p. 11
1. Au château de Versailles.
2. Le baroque et le classicisme.
3. Racine, La Bruyère, Corneille, Boileau, La Fontaine, Molière.

p. 16
1. Dionysos.
2. La farce et la Commedia dell'arte.
3. L'unité d'action, de temps et de lieu.

p. 18
1. Divertir et gouverner.
2. Jean-Baptiste Lully et Marc-Antoine Charpentier.
3. Le ballet, la musique, le chant et le théâtre.

p. 22
1. De la guerre de Hollande.
2. Lully détenait le monopole sur l'organisation des spectacles à la cour.
3. Sur scène et dans la salle.

p. 23
1. Elle veut s'approprier l'héritage d'Argan.
2. Pour avoir un gendre médecin.
3. Elle conseille à Argan de feindre sa propre mort.

p. 27
1. Il y a le prologue et trois intermèdes.
2. Polichinelle, dans le second intermède.
3. Acte III, scènes 11, 12, 13, 14.

p. 31
1. Les amoureux, le corps médical, les intrigants, les adjuvants.
2. Toinette.
3. Le comique de mots.

p. 33
1. L'obscurantisme et la cupidité.
2. Une peur obsessionnelle et pathologique d'être malade.
3. Béralde.

p. 34
1. Pour la dédramatiser et la vaincre par le rire.
2. Pour connaître les véritables sentiments de Béline et d'Angélique.

p. 36
1. Un mariage d'amour contrarié par les parents.
2. L'amour filial s'oppose au faux amour de Béline.
3. Polichinelle.

UNE ŒUVRE, UN PARCOURS : *Le Malade imaginaire*

Réponses aux Quiz

p. 37
1. Acteur.
2. Non, il a plus de connaissances que les personnages bernés.
3. Cléante et Toinette.

p. 39
1. Non, il y a une grande variété de tons et de formes.
2. Grâce à son rythme, ses répétitions, ses sonorités.
3. En « latin de cuisine ».

p. 41
1. Les classes dominantes.
2. Dénoncer et faire réfléchir.

p. 45
1. Sur le comportement excessif des personnages.
2. Un personnage obsédé par une idée fixe.

p. 49
1. Le metteur en scène.
2. Grâce à la complicité avec le public.

p. 53
1. Les mariages forcés, l'éducation des filles, l'accès au pouvoir.
2. La coquette, la prude, la naïve, la femme infidèle, la servante rusée.

p. 57
1. Parce qu'elle entraîne des querelles, des oppositions dynamiques.
2. De l'inversion des rôles : le valet est supérieur au maître.

p. 72
1. La dissertation peut porter sur une œuvre intégrale étudiée dans l'année et sur son parcours associé.
2. Deux parties.